주식회사 창업

설립실무 해설

주식회사 창업
설립실무 해설

2022년 10월 5일 초판 인쇄
2022년 10월 10일 초판 발행

지은이 | 손영화
펴낸이 | 이찬규
펴낸곳 | 북코리아
등록번호 | 제03-01240호
전화 | 02-704-7840
팩스 | 02-704-7848
이메일 | ibookorea@naver.com
홈페이지 | www.북코리아.kr
주소 | 13209 경기도 성남시 중원구 사기막골로 45번길 14
        우림2차 A동 1007호
ISBN | 978-89-6324-898-1 (93360)

값 19,000원

* 이 저서는 인하대학교 법학연구소 연구비 재원으로 법학연구소의 지원을 받아 출판되었습니다.

주식회사 창업

설립실무 해설

손영화 지음

북코리아

머리말

우리나라는 지금 단군 이래 가장 잘 사는 시기이다. 세계 10위 경제 대국이자 한류의 열풍으로 문화대국으로 성장했으며, 세계 6위 군사력을 가진 선진국으로 도약했다. 이와 같은 배경에는 부지런하면서도 근면하고 어려움 속에서도 혁신(innovation)과 도전(challenge)에 망설이지 않는 국민성이 그 바탕에 있었다고 할 것이다. 대한민국은 일제강점기와 6·25전쟁을 거치면서 국토 전체가 황폐화되어 다른 나라의 원조 없이는 버틸 수 없는 세계 최대의 빈곤국 중 하나였다. 우리나라에 대하여 6·25전쟁을 총지휘했던 미국 맥아더 장군은 전쟁 직후 "100년쯤 지나야 이 나라 경제가 제 모습으로 돌아갈 수 있을 것"이라고 말했다고 한다. 그런 세계 최대 빈곤군에서 이른바 한강의 기적을 일구어낸 시민이 바로 우리나라 대한민국 국민이다.

혁신과 도전의 대표적인 예로서는 현대그룹 창업주인 고(故) 정주영 회장의 일화가 유명하다. 고(故) 정주영 회장은 영국 런던 금융가에 가서 거북선이 새겨진 500원짜리 지폐를 들이밀며 "우리나라는 영국보다 300년 앞선 1500년대에 이미 이런 철갑선을 만들었다"는 말로 설득하여 차관 도입에 성공하였다. 이 돈을 바탕으로 황폐한 땅에 조선소를 세우고 배를 건조하여 오늘날 현대중공업의 기초를 닦았고 나아가 세계 최대 조선국가의 기틀을 만들었다.

경제활동의 주축이 되는 기업의 가장 대표적인 것이 바로 주식회사이다. 오늘날 창업시대에 개인이 사업자로서 창업하기도 하지만 장기적으로 그리고 세제상의 이점을 갖고 영업행위를 하기 위해서는 법인인 주식회사 형태로 창업하는 것이 가장 바람직하다. 주식회사는 오늘날의 경제발전을 주도해 왔다고 하여도 과언이 아니어서 주식회사제도를 자본주의의 꽃이라고도 할 수 있다. 주식회사를 창업하고자 하는 경우 주식회사 설립과 관련한 행위 즉, 회사의 목적 설정, 정관작성, 자본구성, 영업준비, 설립등기 등 수많은 사실관계 및 법률행위가 필요하다. 특히, 상법 등 법률에 생경한 일반시민의 입장에서는 주식회사를 설립할 때 어디서부터 어떻게 구체적으로 필요한 것이 무엇인지 잘 몰라 곤란하고 어려움을 겪을 수밖에 없다. 본서는 이러한 경우 구체적인 방향성을 제시하기 위하여 준비되었다.

본서는 주식회사 창업이라고 하는 제목하에 실질적으로 주식회사를 설립할 때 필요한 법률행위 및 책임관계를 중심으로 상세하게 설명한 실무서로서 가치가 있다. 주식회사 창업을 하기 위한 필요성과 설립을 위한 기본 지식을 설명하고(제1장과 제2장), 창업자가 원하는 주식회사를 만들기 위한 정관의 작성과 그 구체적인 내용에 대하여 조망하고(제3장), 발기설립뿐 아니라 모집설립에 대하여도 살펴보고(제4장), 회사설립등기의 구체적인 방법과 절차, 필요서류 그리고 설립등기의 효력에 대하여 검토하고(제5장), 설립관여자의 책임 및 설립의 하자에 대하여 간략히 소개하였다(제6장과 제7장). 아무쪼록 본서가 주식회사를 창업하고자 하는 창업가들에게 사막의 별처럼 길잡이 역할을 하기를 기대한다.

　책의 출간에 즈음하여 저자의 지도교수로서 영원한 큰 스승이신 이
철송 선생님께 감사를 드립니다. 또한 모교인 한양대학교에서 상법을 강
의하시고 저자의 박사학위논문의 심사위원이셨던 김상규 명예교수님과
이형규 명예교수님께도 감사드립니다. 어려운 출판환경 속에서도 출간
을 허락해 주신 북코리아의 이찬규 사장님 그리고 원고를 꼼꼼히 교정보
고 편집해 준 편집부 오유경 선생께도 감사의 마음을 전합니다.

2022년 8월 24일

著者 識

CONTENTS

주식회사 창업

제1장
기업형태의 종류와 선택

제1절 개인기업과 법인기업

기업형태의 선택은 장차 사업의 수행과 성패에 커다란 영향을 미치므로 창업자가 새로운 사업을 시작하는 경우에는 우선 그 영업을 어떠한 기업형태로 운영할 것인가를 신중하게 결정하여야 한다. 창업자는 여러 가지 기업 환경과 경영능력, 그리고 개인기업과 법인기업의 장·단점을 비교·평가하여 자기 실정에 맞는 기업 형태를 선택해야 한다.

기업의 형태는 크게 개인기업과 공동기업으로 나눌 수 있다. 공동기업에는 민법상의 조합과 상법상의 익명조합도 있으나 회사(법인기업)가 가장 전형적인 형태이다. 법인기업은 개인기업의 결점을 가장 잘 극복한 제도로서 경제적으로 매우 중요한 기능을 한다.

1. 개인기업

개인기업이란 기업 운영에 필요한 자본 전액을 개인 또는 그 가족이 출자하고 경영의 책임을 지는 기업을 말한다. 개인기업은 인·허가가 필요한 경우를 제외하고는 관할 세무서에서 사업등록증만 교부받으면 영업활동이 가능해 창업이 쉽고, 휴·폐업 절차도 비교적 간단하다. 또한 이익발생 시 이익을 독점할 수 있으며, 업무상 비밀유지가 쉽고, 경영활동 또한 자유롭고 신속하게 할 수 있다.

반면에 기업의 손실도 모두 개인이 부담하여야 하기 때문에 기업의 위험을 분산·경감시킬 수 없다. 그리고 상업장부에 의하여 기업재산과 사용재산이 구별되어 있어도 법적으로는 모든 재산이 기업주 개인에게 귀속되고 기업 자체의 독립성은 인정되지 않는다. 따라서 기업주의 전 재산으로 기업의 채무를 변제하는 경우도 있고, 기업주의 기업 외적 채무에 대하여도 기업재산으로 변제하는 경우도 생긴다. 한편, 개인기업은 기업주의 능력과 신용에 따라 타인으로부터 금전을 차입하고 타인을 고용함으로써 기업에 필요한 자본과 노력을 보충할 수 있으나 스스로 그 한계가 있다. 또한, 개인기업의 경우에는 기업주의 사망이나 기타의 개인적 사정이 기업에 중대한 영향을 미치므로 기업의 영속적인 유지가 어렵다.

2. 법인기업

"회사"란 상행위나 그 밖의 영리를 목적으로 하여 설립한 법인을 말하는데, 상법상 회사는 주식회사, 유한회사, 합명회사, 합자회사, 유한책임회사가 있다. 우리나라는 전체 회사의 약 95% 정도가 주식회사이기 때문에 보통 법인기업이라고 하면 일반적으로 주식회사를 의미한다. 법인기업은 회사채무에 대하여 유한책임이며, 일반적으로 대외신용도가 개입기업에 비해 높은 편이며 자금조달이 쉽고 증여나 상속세 처리가 개인기업에 비해 유리하다. 반면에 설립절차가 복잡하고 회사의 여유자금을 인출·사용하기가 어려우며 이익금 배당 시 이중과세가 발생하고, 해산 및 청산절차가 복잡하다.

회사는 대표적인 공동기업형태로서 오늘날 규모가 큰 기업은 대부분 회사형태를 취하고 있다. 회사는 독립된 법인격을 가지므로 기업활동으로 생긴 권리·의무의 주체가 되고 출자자는 회사의 구성원(사원 또는 주주)으로서 기업의 이익분배에 참여하게 된다. 따라서 기업재산과 구성원인 사원의 개인재산은 구별되며 법률관계의 처리도 매우 단순화되어 있다. 더욱이 기업의 영속적인 유지를 도모할 수 있기 때문에 회사는 기업활동에 가장 적합한 것이다.

1) 법인기업의 장점

(1) 자본과 노력의 결합

회사제도는 여러 사람의 자본과 노력을 결합하는 기능을 한다. 자본의 결합이란 여러 사람으로부터 자금을 모아 하나의 기업을 위한 자본을 형성함으로써 개인의 재력으로는 불가능한 대규모의 사업경영을 할 수 있다. 그리고 노력의 결합이란 여러 사람의 기업 경영능력을 결합하는 것으로서 각 개인의 능력을 떠나 하나의 기업이라고 하는 유기적 조직체를 이루어 그 효용을 증대시키는 것이다.

이와 같이 자본과 노력의 결합을 통하여 기업의 규모를 확대하고 효율을 높일 수 있으며 큰 이익을 얻을 수 있다. 따라서 개인기업보다 각 개인에게 귀속되는 이익도 증대된다. 다만, 자본과 노력을 결합하는 기능은 회사의 종류에 따라 다르다. 인적 회사의 전형인 합명회사에서는 노력의 결합이 중요시되는 데 대하여, 물적 회사인 주식회사에서는 자본의 결합이 중요시된다. 주식회사는 주식의 발행을 통하여 일반대중으로부터 거액의 자금을 집적할 수 있다.

(2) 위험의 분산과 경감

회사는 기업에 수반되는 위험을 여러 사람에게 분산시키는 기능을 한다. 회사제도는 여러 사람의 자본과 노력을 결합하여 기업의 규모를 확대시킬 수 있고, 기업규모가 확대되면 경기변동에 적응할 수 있는 능력도 강해진다. 법인은 다수인의 자본과 노동력의 결합으로 생성되므로 위험을 다수에게 분산시켜 개개인의 위험이 경감된다. 다시 말해 개인기업에 있어서는 기업주가 기업의 모든 채무에 대해 단독으로 무한책임을 부담해야 하지만 법인기업은 다수의 자본과 노력의 결합으로 위험을 유한적으로 분산해 부담한다. 통상적으로 기업의 오너(Business owner)들은 사업운영에 있어서 야기될 수 있는 잠재적 손해배상책임(potential claim)으로부터 그들 개인 자산이 보호받기를 바라는 경향이 있다. 사업위험 측면에 있어서는 개인형태보다는 법인형태를 선호하는 것이 일반적이다.[1]

이러한 위험분산의 기능도 회사의 종류에 따라 다르다. 합명회사의 경우에는 소수의 사원으로 구성되고 회사채권자에 대하여 회사뿐만 아니라 각 사원도 직접적으로 연대하여 변제할 책임을 지기 때문에 위험분산의 기능은 크게 기대할 수 없다. 이에 대하여 주식회사의 경우에는 다수의 주주로 구성되고 회사만이 회사채무를 부담하고 주주는 회사에 대한 유한의 출자의무를 부담할 뿐, 회사 채권자에 대하여는 아무런 책임도 지지 않기 때문에 위험분산의 기능이 매우 크다고 할 수 있다. 따라서 주주의 위험은 현저하게 경감된다.

1 　오상민, "조세가 기업의 조직형태 선택에 미치는 영향에 관한 연구〈3〉", 「한국세정신문」, 2005. 7. 11. 〈http://www.taxtimes.co.kr/news/article.html?no=52849〉.

(3) 기업의 영속성

개인기업의 경우에는 기업주의 사망이나 그 밖의 개인적 사정이 기업에 중대한 영향을 미치기 때문에 기업의 유지가 어려우나 회사의 경우에는 사원의 개인적 사정에 의하여 영향을 받는 일이 적으므로 기업의 영속성을 확보할 수 있다. 그러나 기업유지의 기능도 회사의 종류에 따라 차이가 있다. 합명회사에 있어서 가장 약하고 주식회사에 있어서 가장 강하다.

(4) 절세의 효과

세법상 법인인 회사기업이 개인기업보다 유리하다. 따라서 영업이익이 증대될수록 회사기업이 유리하다. 즉, 개인기업의 경우에는 과세표준(매출에서 경비와 소득공제 금액 등을 뺀 금액)이 10억 원이 넘으면 최고 세율이 45%나 적용된다. 이에 대하여 법인의 경우 과세표준이 2~200억 원까지는 세율이 20%로 개인사업자 세율의 절반 수준도 안 된다. 법인의 경우 최고 세율은 25%(과세표준 3,000억 원 초과)로 개인에 비해서는 월등하게 낮다.[2] 따라서 영업이익이 증대될수록 회사기업이 유리하다.

개인기업의 경우에는 영업소득이 모두 기업주 한 사람에게 집중되므로 소득이 많으면 초과누진세율에 의하여 상당히 고율의 소득세가 부과된다.[3] 이에 대하여 회사기업의 경우에는 영업소득은 모두 법인세의

---

2   한상혁, "고소득 개인사업자, 법인 전환하면 세금 대폭 줄어", 「조선일보」, 2020. 7. 6. ⟨https://www.chosun.com/site/data/html_dir/2020/07/05/2020070502075.html⟩.

3   개인기업은 적용되는 세목이 '소득세'다. 보통 매년 5월달에 신고 및 납부하는 종합소득세가 바로 그것이다.
     이러한 소득세법에 의한 세율구조는 이른바 8단계 누진세율 구조로 ▲1,200만 원 이하의 경우 6% ▲1,200만 원 초과 4,600만 원 이하의 경우 15% ▲4,600만 원 초과 8,800만 원 이하의 경우 24% ▲8,800만 원 초과 1억 5,000만 원 이하의 경우 35% ▲1억 5,000만 원

과세대상으로 되며 출자자인 동시에 경영자는 단지 급여소득과 배당소득을 받는 것에 불과하므로 회사와 개인에게 소득이 분산되어 저율의 소득세를 부담할 뿐 아니라 가족을 이사나 종업원으로 하여 급여소득을 분산시킴으로써 전체적인 감세효과를 가져올 수 있다.[4]

개인기업에 있어서는 영업소득 전체에 대하여 사업소득세가 부과되는 데 대하여 회사의 경우에는 이사·감사 및 종업원 등의 급료를 뺀 나머지 금액을 기준으로 사업세가 부과되기 때문에 회사 쪽이 사업소득세를 훨씬 적게 부담한다.

개인기업의 경우에는 후생비, 도서비, 교제비와 같은 비용을 소득세의 계산에서 공제받기 어려우나 회사의 경우에는 일정액의 범위에 손금산입이 인정되므로 세액의 산정에서 개입기업보다 훨씬 유리하다.

그 밖에도 기업주가 사망하면 개인기업의 경우에는 영업용 재산 전체가 상속세의 부과대상이 될 뿐만 아니라, 생전의 영업용 재산을 계획적으로 상속인에게 이전시키는 것이 기술적으로 곤란하기 때문에 상당

초과 5억 원 이하의 경우 38% ▲5억 원 초과 10억 원 이하의 경우 42% ▲ 10억 원 초과의 경우 45%의 세율이 적용된다.
개인기업은 소득이 커지는 경우 상대적으로 급격하게 세부담이 증가하게 되고, 그 뿐만 아니라 대표자 급여 및 퇴직금이 세무상 비용처리가 불가능해 이 부분에 대해서도 소득세가 발생한다(양안수, "시장동향 [회계살롱] '개인기업 vs 법인기업' 어느 쪽이 유리한가요", 「조선비즈」, 2017. 4. 18. ⟨https://biz.chosun.com/site/data/html_dir/2017/04/18/2017041801058.html⟩).

4   법인기업에 적용되는 세법은 '법인세법'이다. 사업연도가 매년 1월 1일부터 12월 31일까지인 법인은 그 다음해 3월 말까지 법인세 신고 및 납부를 해야 한다. 이러한 법인세법의 세율구조는 4단계 누진구조로서 ▲2억 원 이하의 경우 10% ▲2억 원 초과 200억 원 이하의 경우 20% ▲200억 원 초과 3천억 원 이하의 경우 22% ▲3천억 원 초과의 경우 25%의 세율이 적용된다.
벤처기업의 특성상 대부분 소득금액이 200억 원을 초과할 가능성이 낮으므로, 지방소득세(법인세의 10%)까지 감안하더라도 11~22%의 한계세율만 부담하면 된다는 게 가장 큰 장점이다(양안수, 전게자료).

액의 상속세를 부담하게 되어 영업자금에도 악영향을 미치게 된다. 그러나 회사(주식회사)의 경우에는 기업주의 영업용 재산이 주식의 형태로 되어 있고 현행 세법상 한 사람에 대하여 일정액까지 비과세증여를 할 수 있으므로 기업주는 생전에 상속인에 대한 계획적인 증여를 통하여 영업용 재산을 이전할 수 있어서 기업주가 사망하더라도 상속세를 경감시킬 수 있다. 신종 코로나바이러스 감염증(코로나19) 탓에 주식 투자자 손실이 커졌을 때, 역설적으로 주식을 자녀에게 증여하려는 경우가 많아졌다. 보유 주식 가격이 낮을 때 증여하면 증여세를 줄일 수 있기 때문이다.[5]

(5) 신용의 증대

일반적으로 회사가 개인기업보다 규모가 큰 것으로 인식되어 있어서 회사가 개인기업보다 높은 사회적 신용을 얻고 있다.

은행으로부터 자금을 차입하는 경우에도 회사는 그 재산내용이나 경리상태가 명확하기 때문에 개인기업보다 용이하다. 그리고 종업원을 모집하는 경우에도 취업희망자가 급료 이외에 기업의 후생·복지 및 승진기회 등을 고려하기 때문에 회사가 개인기업보다 유능한 종업원을 채

---

[5] 증여세 계산법은 간단하다. 증여재산가액에서 증여재산공제를 차감한 후의 금액을 '과세표준'이라고 하고, 과세표준에 따라 다른 세율을 적용한다. 즉 증여재산가액이 줄어든다면 낮은 세율이 적용된다. 증여세 공제액은 10년간 누계한도액이다. 배우자에게는 6억 원까지, 직계존비속(부모 및 자녀)은 5,000만 원까지 공제된다. 다만 증여받는 사람이 미성년자라면 공제액이 2,000만 원으로 줄어든다. 기타 친족의 공제액은 1,000만 원까지다. 증여할 재산에서 공제를 뺀 과세표준이 1억 원 미만일 땐 세율 10%가 적용된다. 1~5억원 미만은 20%, 5~10억 원 미만은 30%, 10~30억 원 미만은 40%, 30억 원 이상은 50%의 세율이 매겨진다(박신욱, "배우자 6억, 자녀 5,000만 원까지 '증여세 공제'… 주식 증여는 주가 하락 때 유리", 「한국경제」, 2020. 4. 12. 〈https://www.hankyung.com/economy/article/2020041235761〉).

용할 가능성이 크다. 그 밖에 제품을 납품하거나 공사를 수주하는 경우에도 대부분 자격조건에서 회사가 개인기업보다 유리하다.

2) 법인기업의 단점

회사(주식회사)는 여러 가지 장점이 있으나 반면에 다음과 같은 단점도 존재한다. 우선, 설립절차가 복잡하고 설립등기비용이 많이 든다.[6] 둘째, 경영의사 결정체계가 복잡하여 신속한 결정이 어렵다. 셋째, 주주 상호간의 이해관계 대립시 마찰의 소지가 있고 경영공백이 우려 된다. 넷째, 납세에 오류가 있을 경우 부과되는 벌칙이 개인보다 훨씬 많다.

제2절 회사의 종류

상법상 회사의 종류에는 합명회사, 합자회사, 유한책임회사, 주식회사와 유한회사의 5종이 있다(상법 제170조). 이와 같이 회사를 분류한 것은 사원의 책임을 기준으로 한 것이다. 사원이 회사채무에 관하여 회사채권자에게 직접 변제할 책임을 지는 경우를 직접책임이라 하고, 단순히

---

6   반드시 일정한 사항을 등기하여야 하는 등 개인기업에 비하여 그 설립절차가 복잡하다. 특히 주식회사의 경우에는 법원이 선임한 검사인의 설립경과조사를 받아야 하고, 회사의 재산상태나 기타 중요한 사항을 공시하여야 하므로 기업의 비밀이 누설될 수 있다. 결산시에는 주주총회의 승인을 받아야 하고 이익배당에 있어서도 엄격한 법적 규제가 따른다[이형규, 「회사설립의 실무」(청림출판, 1993), 26면].

회사에 대한 출자의무만 부담하는 경우를 간접책임이라고 한다. 즉, 간접책임이라고 하는 것은 사원이 법률상 회사채권자에 대하여 아무런 책임을 지지 않고 사원의 출자가 회사를 통하여 간접적으로 회사채권자에 대한 담보로 된다. 그리고 사원이 일정금액을 한도로 변제할 책임을 부담하는 경우를 유한책임이라 하고 그렇지 않은 경우를 무한책임이라고 한다.

각 회사의 특징을 살펴보면 다음과 같다.

1. 합명회사

합명회사는 2인 이상의 무한책임사원으로 구성된다. 무한책임사원은 회사에 대하여 출자의무를 가지고 회사채권자에 대하여 직접·연대하여 무한의 책임을 진다(상법 제212조 참조).

무한책임사원은 합명회사의 업무를 집행한다. 무한책임사원은 업무집행을 전담할 사원을 정할 수 있으며, 업무집행사원을 정하지 않은 경우에는 각 사원이 회사를 대표하고, 여러 명의 업무집행사원을 정한 경우에는 각 업무집행사원이 회사를 대표한다(상법 제200조 및 제207조 참조).

출자에 관하여 재산출자 이외에 노무나 신용의 출자도 인정된다. 사원의 지위를 나타내는 지분은 각 사원에 대하여 단일로서, 그 내용이 출자의 가액에 따라 달라지는 데 불과하다. 사원이 지분을 양도하려면 다른 사원 전원의 동의를 얻어야 하고(상법 제197조), 사원이 사망한 경우에도 그 상속인이 당연히 사원으로 되지는 않는다(상법 제219조[7]). 그리고

---

[7]   제219조(사원사망 시 권리승계의 통지) ① 정관으로 사원이 사망한 경우에 그 상속인이 회사에 대한 피상속인의 권리의무를 승계하여 사원이 될 수 있음을 정한 때에는 상속인은

회사의 중요사항을 결정하려면 총사원의 동의가 요구된다.

이와 같이 합명회사는 사단법인이지만 사원의 개성이 중시되어 조합적인 색채가 농후하다. 따라서 합명회사는 회사의 내부관계에 관하여 상법이나 정관에 다른 규정이 없으면 조합에 관한 민법의 규정이 준용된다(상법 제195조, 민법 제703조 이하 참조). 합명회사는 가족, 친척, 친지 등 인적 신뢰관계가 있는 소수인의 공동기업에 적합한 형태이다.

2. 합자회사

합자회사는 1인 이상의 무한책임사원과 1인 이상의 유한책임사원으로 구성된다. 무한책임사원은 회사채권자에 대하여 직접·연대하여 무한의 책임을 지는 반면, 유한책임사원은 회사에 대해 일정 출자의무를 부담할 뿐이다. 즉, 유한책임사원은 그 출자가액에서 이미 이행한 부분을 공제한 가액을 한도로 하여 회사채무를 변제할 책임을 진다(상법 제268조 및 제279조 참조).

무한책임사원은 정관에 다른 규정이 없는 때에는 각자가 회사의 업무를 집행할 권리와 의무가 있다. 유한책임사원은 대표권한이나 업무집행권한은 없지만,[8] 회사의 업무와 재산상태를 감시할 권한을 갖는다(상

상속의 개시를 안 날로부터 3개월 내에 회사에 대하여 승계 또는 포기의 통지를 발송하여야 한다. ② 상속인이 전항의 통지 없이 3개월을 경과한 때에는 사원이 될 권리를 포기한 것으로 본다.

8 업무집행은 회사의 내부관계에 불과하므로 정관 또는 사원의 결의로 유한책임사원에게 업무집행을 맡길 수 있다는 주장도 있으나 찬성하기 어렵다. 왜냐하면 대외적인 거래관계의 안전을 위하여 합자회사의 대표관계를 획일확정할 필요가 있기 때문이다.

법 제273조, 제277조 및 제278조 참조). 합자회사의 무한책임사원은 언제든지 회사의 업무 및 재산상태를 검사할 수 있다(상법 제269조, 제195조; 민법 제710조). 이에 비하여, 유한책임사원은 상법 제277조에 따라 영업년도 말에 있어서 영업시간 내에 한하여 회사의 회계장부·대차대조표 기타의 서류를 열람할 수 있고, 회사의 업무와 재산상태를 검사할 수 있다(동조 제1항). 중요한 사유가 있는 때에는 언제든지 법원의 허가를 얻어 회사의 회계장부·대차대조표, 기타의 서류의 열람과 검사를 할 수 있다(동조 제2항). 유한책임사원의 감시권[9]은 상법상 유한책임사원이 회사의 업무집행에 대하여 관여할 수 있는 유일한 방법이다.

유한책임사원의 출자는 재산출자에 한하고 노무나 신용의 출자는 인정되지 않는다(상법 제272조). 그리고 유한책임사원은 그가 출자하기로 한 가액 중에서 이행하지 않은 부분이 있는 경우에 그 한도 내에서 직접 회사채무를 변제할 책임이 있다(상법 제279조 제1항).

유한책임사원이 지분을 양도하려면 무한책임사원 전원의 동의가 있어야 한다(상법 제276조). 유한책임사원이 사망한 경우에는 그 상속인이 사원자격을 승계한다(상법 제283조).

합자회사를 경제적으로 보면 무한책임사원이 경영하는 사업에 유한책임사원이 자본을 제공하고 그 사업에서 생긴 이익의 분배에 참가하는 것이다. 이 점은 익명조합과 유사하다. 그러나 익명조합원은 외부적으로 책임을 지지 않는 데 대하여 합자회사의 유한책임사원은 회사채권

---

9 이 권리는 자익권적(自益權的) 성질과 함께 공익권적(公益權的) 성질을 아울러 갖고 있다. 즉, 회사의 업무가 부정 또는 부당하게 집행되는 일이 없도록 미리 방지하는 것은 자기 개인의 이익을 위해서뿐만 아니라 회사의 이익을 위해서도 바람직한 일이며, 이것은 궁극적으로는 사회적 이익에도 부합된다. 감시권은 이런 취지에서 부여된 권리이므로 상법은 정관으로 이 권리를 박탈하거나 제한할 수 없도록 규정하고 있다.

자에 대하여 직접책임을 부담한다는 점에서 중요한 차이가 있다. 또 익명조합은 영업자의 단독기업이고 익명조합원은 영업자에 대한 채권자에 불과한 데 대하여 합자회사는 무한책임사원과 유한책임사원의 공동기업이다.[10]

3. 유한책임회사

유한책임회사는 공동기업이나 회사의 형태를 취하면서도 내부적으로는 사적자치가 폭넓게 인정되는 조합의 성격을 갖고, 외부적으로는 사원의 유한책임이 확보되는 기업형태에 대한 수요를 충족하기 위해 상법에 도입된 회사형태로서 사모(私募)투자펀드와 같은 펀드나 벤처기업 등 새로운 기업에 적합한 회사형태이다.[11]

유한책임회사는 1인 이상의 유한책임사원으로 구성된다. 유한책임사원은 회사채권자에 대하여 출자금액을 한도로 간접·유한의 책임을 진다(상법 제287조의7 참조).

유한책임회사는 업무집행자가 유한책임회사를 대표한다. 따라서 정관에 사원 또는 사원이 아닌 자를 업무집행자로 정해 놓아야 하며, 정관 또는 총사원의 동의로 둘 이상의 업무집행자가 공동으로 회사를 대표할 것을 정할 수도 있다(상법 제287조의12 제1항 및 제287조의19 참조).

---

10   이형규, 전게서, 28면.
11   상법(법률 제10600호, 2011. 4. 14. 개정, 2012. 4. 15. 시행) 제·개정이유서 참조.

4. 주식회사

주식회사는 1인 이상의 사원(주주)으로 구성된다. 주식회사의 주주는 회사채권자에게 아무런 직접적인 책임을 부담하지 않고 자신이 가진 주식의 인수가액 한도 내에서 간접·유한의 책임을 진다(주주유한책임, 상법 제331조 참조).[12]

주식회사는 주주라는 다수의 이해당사자가 존재하므로 의사결정 기관으로 주주총회를 두어 정기적으로 이를 소집해야 하고, 업무집행기관으로 이사회 및 대표이사를 두어 회사의 업무를 집행한다. 또한 이사의 직무집행을 감사하고, 회사의 업무와 재산상태를 조사하기 위해 감사(또는 감사위원회)와 같은 감사기관을 둔다(상법 제361조, 제365조, 제382조, 제389조 및 제409조 참조).[13]

---

[12] 주식회사는 독립된 법인격을 지니므로 주주 개인의 재산과 주식회사의 재산은 엄격히 구별되고, 실제 거래의 경제적 실체는 주주 자신임에도 불구하고 주주는 주주유한책임원칙에 따라 자신의 출자액을 한도로 하여서만 책임을 부담하게 되어 결국 기업은 망해도 기업주는 살아남는다는 격언 아닌 격언이 만들어지게 되며, 특히 지배주주 혹은 법인주주들이 이러한 시스템을 악용하여 사업실패로 인한 손실, 즉 기업위험의 부담을 외부로 전가시키는 모럴 헤저드가 나타나는 등 주식회사의 유한책임제도를 남용하는 사례가 급증하고 있다[서완석, "지배주주와 주주유한책임원칙", 「상사법연구」 제23권 제3호(한국상사법학회, 2004), 408면]. 그러나 주주의 유한책임은 판례와 학설에서 전개된 이른바 법인격부인이론(The doctrine of the disregard of legal entity = Corporate veil piercing rules)을 통해 일련의 사례에서 제한될 수 있다. 법인격부인이론은 법인격 자체를 박탈하지 않고 그 법인격이 남용된 특정한 경우에 한하여 그 회사의 독립적인 법인격을 제한함으로써 회사형태의 남용에서 생기는 폐단을 교정하고자 하는 이론으로, 특정한 경우에 회사와 사원간의 분리원칙의 적용을 배제함으로써 회사와 사원을 동일시하여 구체적으로 타당한 해결을 기하려는 이론이다[조지현, "주주유한책임원칙의 제한: 독일법상의 실체파악책임을 중심으로", 「상사법연구」 제23권 제3호(한국상사법학회, 2004), 301-302면].

[13] 우리 상법상 기존의 이사회는 업무'집행'과 업무'감독'을 동시에 수행함으로써 스스로 수행한 일을 스스로 감시하는 자기감시의 한계를 가지고 있었다. 이에 2012년 개정상법에서는 주식회사에 집행임원을 둘 수 있도록 하고 있다. 즉, 집행임원을 두는 회사(이하 "집행임원 설치회사")는 이사회에서 집행임원을 선출하고 이사와 마찬가지로 성명과 주민등록

주식회사는 주식을 단위로 자본이 구성되므로 자본집중이 쉽고, 주주가 유한책임을 부담하므로 사업실패에 대한 위험이 적어 공동기업의 형태로 자주 이용되고 있다. 현재 우리나라의 회사형태 중 주식회사가 차지하는 비율은 약 94%에 달하고 있다.

주식회사는 대중으로부터 자본을 조달하여 대기업을 경영하는 데 적합한 형태이다.

5. 유한회사

유한회사는 1인 이상의 사원으로 구성된다. 유한회사의 사원은 주식회사와 마찬가지로 회사채권자에게 직접적인 책임을 부담하지 않고 자신이 출자한 금액의 한도에서 간접 · 유한의 책임을 진다(상법 제553조 참조).

유한회사의 조직형태는 주식회사와 유사하지만, 주식회사와 달리 이사회가 없고 사원총회에서 업무집행 및 회사대표를 위한 이사를 선임한다. 선임된 이사는 정관 또는 사원총회의 결의로 특별한 정함이 없으면 각각 회사의 업무를 집행하고 회사를 대표하는 권한을 가진다(상법 제561조, 제562조 및 제547조 참조).

유한회사의 조직형태는 주식회사와 유사하지만 주식회사와 달리

번호를 등기하여야 한다. 집행임원의 임기는 정관에 다른 규정이 없으면 2년을 초과하지 못하나 이사와 같이 임기만료 후에 재선이 가능하다. 이사회는 임기 중이라도 집행임원을 해임할 수 있다. 상법의 개정 취지는 집행임원에게 업무집행권을 전담하게 하고, 이사회에게 집행임원의 업무집행에 대한 감독권한을 갖게 하여, 집행임원은 신속하고 효율적인 업무집행을 하게 하고, 이사회도 효율적인 업무감독을 할 수 있도록 하고자 함에 있다(한용호 · 김종수, "개정상법 소개 – (4) 집행임원제도의 도입", 「Legal Update」, 법무법인 세종, 2011. 6. 17).

패쇄적이고 비공개적인 형태의 조직을 갖는다. 또한 주식회사보다 설립 절차가 비교적 간단하고 사원총회 소집절차도 간소하다는 특징이 있다.

유한회사는 중소규모의 기업에 적합한 회사형태이다.

제3절 회사형태의 선택

앞에서 살펴본 바와 같이 현행법은 사회적 수요에 부응할 수 있도록 여러 가지 기업형태를 규정하고 있다. 새로 사업을 시작하는 경우에 특정한 종류의 영업(은행업·보험업·신탁업·증권업 등)을 제외하면 기업형태를 자유롭게 선택할 수 있다. 오늘날에도 개인기업이 수적으로는 제일 많으나 산업이 발달함에 따라 점차로 공동기업의 형태가 많이 이용되고 있다. 그 가운데서도 회사가 현대자본주의 경제의 가장 전형적인 기업형태로 되어 있다.

2021년 국세청 국세통계에 의하면, 전체 906,325개 신고법인 중에서 주식회사는 861,943사, 유한회사는 40,393사, 합자회사는 3,066사, 합명회사는 923사, 비영리법인 38,958사이다.[14]

주식회사를 선호하는 이유는 다른 회사에 비하여 주식회사의 사회적 신용이 두텁고 거래상 유리하며 주주가 유한책임을 진다는 것을 들 수 있다. 그러나 법이 의도한 바와는 달리 거의 모든 기업이 주식회사로

---

14   국세청, 「국세통계연보」, 2022, 8-1-2 법인세 신고 현황 II 참조.

되어 있는 것은 일반적으로 각종 회사형태에 관한 인식이 부족하여 기업을 경영할 때에는 주식회사의 형태만을 취하는 경향이 있고, 또 군소기업들도 거래관계에서 대기업과 같은 외관을 나타내려고 하는 데 기인한다는 점도 부인할 수 없다. 유한회사의 경우에도 사원이 유한책임을 진다는 점에서는 주식회사의 주주와 마찬가지이나 유한회사의 사회적 신용이 주식회사에 미치지 못하는 것으로 인식되어 있다.

그 밖에도 주식회사에 관한 법규정의 잠탈이 용이하여 주식회사의 형태를 취하여도 설립에 큰 어려움이 없고, 탄력적인 기업운영이 사실상 가능하다는 점을 주식회사를 선호하는 이유로 들 수 있다. 예컨대 소규모의 주식회사는 일시적인 차입(借入)에 의한 가장납입(假裝納入, 見金)에 의한 회사설립, 모집설립에 의한 설립경과조사의 회피, 주권불발행, 주주총회의 부존재, 명목상 이사 · 감사의 선임 및 대차대조표의 불공고 등 일반적으로 상법의 강행법규를 잠탈하거나 준수하지 않고 있다.[15]

---

15   이형규, 전게서, 32면.

주식회사 창업

제2장
주식회사설립의 특색

제1절 설립의 특색

회사의 설립은 회사의 실체인 단체를 형성하여 법인격을 취득시키는 것이다. 즉, 회사설립은 정관의 작성으로부터 시작하여 설립등기를 함으로써 끝이 난다. 그러나 구체적인 절차에 있어서는 회사마다 다르다. 이른바 인적 회사라고 분류되는 합명회사나 합자회사를 설립하는 경우에는 정관에서 사원과 그 출자가 확정되고 회사의 성립 전에 출자의 이행을 요하지는 않는다. 그리고 무한책임사원은 정관에 다른 정함이 없는 한 법률상 당연히 회사의 기관이 된다. 따라서 정관의 작성만으로 회사의 실체가 완성되고 설립경과의 검사 없이 설립등기에 의하여 회사가 성립하게 된다. 그러나 주식회사의 설립은 다수의 발기인에 의하여 이루어지고 자본적 기초가 중시되며 사기적 목적에 남용될 염려도 있으므로, 그 설립절차가 복잡하고 엄격한 강행규정으로 되어 있다. 따라서 주식회사의 설립에는 합명회사나 합자회사와는 다른 다음과 같은 특색이 있다.

① 주식회사의 정관의 작성은 주주가 될 사람 전원에 의하여 행해지지 않고 소수의 발기인에 의하여 행해진다.

② 주식회사에서는 주주의 수가 다수이고 그 지위는 주식에 표창(表彰)되어 자유로이 양도할 수 있기 때문에 주주를 정관에서 확정할 수가 없다. 따라서 정관을 작성한 후에 주주(주식인수인)와 그 출자를 확정하여야 한다.

③ 주식회사의 기관은 주주의 자격으로부터 분리되어 있어서 주주가 당연히 기관으로 되는 것은 아니기 때문에 이사와 감사(또는 감사위원회)의 선임을 요한다.

④ 주식회사에서는 회사의 재산이 회사채권자에 대하여 유일한 담보가 되므

로 설립단계에서 출자가 완전히 이행되어야 한다.

⑤ 설립에 관한 규정이 엄격한 강행법규로 되어 있다. 특히 주주(주식인수인)는 회사에 대한 출자의무를 질 뿐이므로 출자의 이행 및 설립경과의 검사가 요구된다. 그 밖에 발기인 등 설립관여자에 대하여 무거운 책임을 지우고 있다.

제2절 실체의 형성과 법인격의 부여

주식회사의 실체형성 즉, 주식회사의 설립이란 상법의 규정에 따라 주식회사라는 영리 사단법인을 성립시키는 것을 말한다. 구체적으로 주식회사의 기본적 체계를 완성(실체를 형성)하고, 설립등기를 하면 법인격(권리능력)을 취득하여 회사가 성립된다.[1]

1. 주식회사의 기본적 체계(실체의 형성)

주식회사의 실체는 다음 ①~④의 요건이 갖추어져야 한다.

① 회사의 근본규칙인 정관의 작성: 회사의 조직과 활동에 관한 근본규칙,

---

[1] 주식회사에 한정하지 않고, 모든 종류의 회사는 「실체의 형성」 → 「설립 등기」에 의해서 성립된다.

[회사운영의 기본규칙]을 [정관]이라고 한다. 이를 기재한 서면을 가리켜 정관이라고 한다(형식적 의의의 정관). 또한 설립 시 작성한 최초의 정관을 특히 [원시정관]이라고 부른다.

② 출자자인 주주의 확정

③ 회사 기관(이사, 감사 (또는 감사위원회))의 구비(선임)

④ 출자이행: 출자자(주주)는 유한책임이므로, 회사의 채권자는 회사의 재산으로부터만 변제받는다. 그래서 회사의 채권자에게 폐를 끼치지 않도록, 회사의 재산이 제대로 있도록, 설립의 시점에서 출자는 이행되지 않으면 안 된다고 되어 있다.

2. 법인격의 부여

법률에 정한 요건을 충족하여 회사의 실체가 형성된 때에는 설립등기에 의하여 법인격이 부여된다(준칙주의).

법인격이 인정되면, ① 회사는 그 명의로 권리의무의 주체가 되고, ② 회사 자체의 명의로 소송당사자가 되며, ③ 회사의 재산에 대하여는 회사 자체에 대한 채무명의에 의해서만 강제집행을 할 수 있다. 그리고 ④ 회사의 재산은 주주의 개인적 채권자에 의한 강제집행의 대상이 되지 않으며, ⑤ 회사채권자에 대하여는 회사재산만이 책임재산이고 주주의 개인재산은 회사의 책임재산이 되지 않는다.

1) 법인격 제도

(1) 법인격의 의의·기능

회사는 법인으로 한다(상법 제169조). 법인은 자연인이 아니면서 권리의무의 귀속주체가 될 수 있는 자격을 가지고, 그 자격을 법인격이라고 한다. 권리의무의 귀속주체가 되는 자격을 권리능력이라고 하며, 권리능력을 가진 것은 자연인과 법인뿐이다.

법인격을 부여받음으로써 회사의 구성원인 사원과는 독립하여 회사 자체가 권리를 가지고 의무를 질 수 있다. 구체적으로는 회사의 소유물로서 토지나 건물을 소유할 수 있으며, 회사는 채무자로서 은행으로부터 차입할 수 있다.

(2) 취지

회사법이 회사에 대하여 법인격을 부여하고 있는 것은 ① 법률관계 처리의 편의를 도모함으로써 기업활동을 원활히 하기 위해서 ② 권리의무의 귀속을 실태에 입각하여 규제하기 위함이다.

2) 회사 권리능력의 세 가지 제한

자연인의 권리능력은 제한될 수 없다. 그러나 법인은 자연인과 달리 회사의 권리능력 범위가 제한된다.

(1) 성질에 따른 제한

육체 및 생명을 가진 자연인과는 달리 회사는 법률로 권리능력을 인정받은 관념적인 존재이다. 따라서 ① 친권 및 상속권과 같은 신분법상의 권리, ② 선거권 등의 공권적 권리는 제한된다.

(2) 법령에 의한 제한

태어날 때부터 권리 능력을 가진 자연인과 달리 회사는 법령에 의해 권리능력을 부여받고 있는 이상 법령에 의해 이것을 제한할 수도 있기 때문에 청산 시에는 청산의 목적의 범위 내에서만 권리를 가지며 의무를 진다(상법 제245조).

(3) 정관의 목적 조항에 따른 제한

자연인과는 달리 회사는 일정한 목적을 가지고 설립된 사단이므로 정관으로 정한 목적의 범위 내에서 권리와 의무의 주체가 된다(민법 제34조).

① 정관으로 정한 목적의 범위 외의 행위의 효력

회사가 행한 정관 소정 목적의 범위 외의 행위는 회사의 권리능력 외이기 때문에 절대적으로 무효이다(판례).

② 정관으로 정한 목적의 범위

어떤 특정 행위가 목적의 범위에 포함되는 행위인지 아닌지를 엄격하게 해석하면, 거래의 안전이 현저하게 침해되고, 또 회사가 할 수 있는 행위도 한정되어 버린다. 그래서 거래의 안전을 도모하기 위해 대법원 판례는 '정관으로 정한 목적의 범위'를 널리 해석하고, 정관에 기재된 목적 자체뿐만 아니라 정관에 기재된 목적에는 포함되지 않는 행위라 하더라도 목적 수행에 직접적 또는 간접적으로 필요한 행위는 '정관으로 정

한 목적의 범위' 내에 속한다고 해석하고 있다.[2]

③ 정관으로 정한 목적 수행에 필요한 행위인지 여부의 판단기준

특정 행위가 정관으로 정한 목적 수행을 위해서 필요한 행위인지 여부의 판단은 거래 안전의 관점에서, 해당 행위가 목적 수행상 실제로 필요했는지 어떤지라고 하는 주관적ㆍ구체적인 관점에서 결정되는 것이 아니라, 해당 행위의 객관적 성질에 입각하여 추상적으로 판단해야 한다.[3] 결과적으로 목적 외 행위라고 판단되는 거래행위는 거의 없고, 실질적으로는 「정관 소정의 목적」에 의한 제한은 없다고 생각할 수 있다.

제3절 준칙주의

준칙주의란 회사의 설립에 필요한 일정한 요건을 법으로 정하고 이 요건을 갖춘 때에는 당연히 법인격을 부여하는 주의이다.

주식회사의 설립에 관한 입법주의를 역사적으로 살펴보면, 17세기 이후 유럽에서 회사제도가 활발해졌는데, 회사가 남설되어 사기를 치는

---

2 법인의 권리능력은 법인의 설립근거가 된 법률과 정관상의 목적에 의하여 제한되나 그 목적 범위 내의 행위라 함은 법률이나 정관에 명시된 목적 자체에 국한되는 것이 아니라 그 목적을 수행하는 데 있어 직접, 간접으로 필요한 행위는 모두 포함되는 것이다(대법원 1991.11.22. 선고 91다8821 판결).

3 목적수행에 필요한지의 여부는 행위의 객관적 성질에 따라 판단할 것이고 행위자의 주관적, 구체적 의사에 따라 판단할 것은 아니다(대법원 1988.01.19. 선고 86다카1384 판결).

자도 생겨난 결과, 18세기 초에 대공황을 야기했다. 이에 각국 정부는 주식회사가 설립될 때마다 법률을 정하고 그 특허법규에 의해 회사를 규율하는 방식으로서 주식회사의 설립에 있어서 국가의 특허를 필요로 하게 되었다(특허주의). 19세기에는 상법에서 주식회사에 관한 일반규정을 두게 되었고 인가를 위한 행정처분으로서 국가의 면허를 필요로 하였다(면허주의). 다만, 이를 철저히 하기 위해 그 때의 경제현상에서 그 조직의 정관·자본까지 정밀하게 심사를 한 후 면허의 허가 여부를 결정하는 것은 곤란하고, 형식상의 심사에 의해 면허의 수락 여부를 결정하게 되었기 때문에 결과적으로 회사의 설립을 부당하게 저해하거나 경제사회의 발달에 악영향을 미치게 되었다. 그리고 18세기 말에서 19세기에 걸쳐 대두된 자유방임주의(laissez-faire)의 사고방식이 회사제도에 반영되기도 하여 준칙주의[4]의 사고방식이 생겨났다. 오늘날에는 대부분의 국가에서 준칙주의를 채용하고 있으며 우리나라에서도 준칙주의를 취하고 있다.

준칙주의에 있어서도 회사설립의 최종단계에서는 설립등기에 의하여 법인격이 부여되는데, 등기 시에는 실질적 심사를 하지 않고 법정의 설립요건을 갖추었는가에 대한 형식적 심사를 할 뿐이다.

그러나 준칙주의를 악용함으로써 발기인들에 의한 부정이 행해지기 쉽고, 설립 자체가 사기의 목적으로 이용되어 이해관계인의 이익을 해할 우려가 있기 때문에 상법은 회사설립의 건전화를 도모하기 위하여 설립경과에 대한 조사와 공시를 요구하고 있으며 발기인의 책임을 강행법규

---

4 준칙주의를 최초로 규정한 법률은 1811년에 미국 뉴욕주에서 제정된 「제조회사법(Act Relative to Incorporations for Manufacturing Purposes)」이다. 또한 영국에서는 1844년에 성립된 「주식회사법(Joint Stock Companies)」 및 1845년에 성립한 「유한책임법(Limited Liability Act)」에서 준칙주의를 정했다.

로써 엄격하게 규정하고 있다. 또한 준칙주의에 따라 법정의 요건을 갖추고 설립된 회사라 하더라도 모두 실질적으로 사회적 의의가 있는 회사라고는 할 수 없다. 이러한 경우에 상법은 준칙주의 폐해를 시정하기 위하여 회사의 법인격을 박탈하는 해산명령제도(상법 제176조)를 두고 있다.

그리고 특히 공공의 이익에 중대한 관계를 가지는 특수한 사업(은행·보험·신탁·철도·전기가스사업 등)에 관하여는 영업면허를 필요로 한다. 이러한 면허는 영업수행을 위한 요건으로 법인격 취득을 위한 설립면허와는 다르지만 실체의 효과는 설립면허와 유사하다.

제4절 설립방법(발기설립과 모집설립)

주식회사를 시작할 경우 창업자끼리 모여 진행할 것인지 아니면 널리 출자를 모집하고 그 후 시작할 것인지, 이 차이에 따라 필요한 절차가 달라진다. 「발기설립」과 「모집설립」으로 나누어진다.

주식회사설립의 큰 흐름으로서 우선은 정관의 작성, 그리고 이사 등의 기관을 갖추어 주주가 되는 사람의 출자이행, 마지막으로 설립의 등기를 하여 회사가 성립한다.

이 과정에서 실수가 있더라도 회사가 설립되는 경우가 있다. 다만, 그 결과 손해가 발생한다면 창업자가 책임을 져야 하는 경우도 있기 때문에 실수가 없도록 충분히 주의해야 한다. 손해배상은 회사에 대하여 하는 경우와 제3자에게 하는 경우 등이 있으며, 회사에 대하여 책임을 지는 경우에는 모든 주주의 동의가 있으면 배상책임에서 면제된다(상법 제400조 제1항). 그러나 제3자에 대해서는 주주에게 이를 동의할 권리가 없기 때문에 손해배상책임을 면할 수 없다.

회사설립절차에 하자가 있으면, 이를 이유로 설립이 무효가 되어 회사를 해체할 수도 있다. 창업자는 이러한 리스크가 있다는 것을 이해해 둘 필요가 있다.

「창업자」라는 단어는 명확한 정의 아래 사용되는 단어가 아니다. 이러한 말과 실질적으로 유사한 용어에는 「발기인」이 있으며, 이는 법률상의 용어로서 사용되고 있다. 발기인이란 정관에 기명·날인한 자를 말하며, 회사설립에 참가하게 된다. 창업자 등은 통상 발기인이 되는 것을 생각할 수 있다.

1. 발기설립

발기설립은 발기인이 설립 시에 발행하는 주식을 모두 인수하는 설립방법이다. 통상, 가족이나 친구, 지인 등 가까이에 있는 사람만이 발기인이 되어 출자를 한다.

발기설립은 모집설립에 비해 절차가 간단하고 비용도 저렴하게 든다. 우선 발기인의 수인데, 특별한 제한이 없다. 즉, 1명이라도 괜찮다.

만일 회사의 자본금을 1,000만 원으로 하고, 1명이 전부 출자하면 발기인은 1명이 되는 것이다. 가족이나 친구도 자금을 출자하면 돈을 출자한 사람 모두가 발기인이 되는 것이다.

발기인은 정관 작성 등 회사설립과 관련되기 때문에 인원이 많을수록 시간이 걸린다. 발기인은 서면으로 주식을 인수하여야 하고(상법 제293조), 회사설립 후 발기인은 주주가 된다. 즉, 회사가 설립된 후 정관변경 등 회사의 중요사항을 결정할 때 주주총회를 열어야 하기 때문에 이견이 좁혀지지 않을 수도 있다.

최근 발기인 1인, 대표이사 1인인 회사가 많아지고 있는데, 회사를 빠르게 설립할 수 있고 설립 후 회사 운영도 원활히 진행되기 때문으로 보인다.

발기인이 되는 자는 정관을 작성하고(상법 제288조) 그 정관에 기명날인할 필요가 있다. 정관은 공증인사무소에서 인증을 받아야 한다. 발기설립의 경우 납입금을 보관한 은행이나 그 밖의 금융기관은 발기인 또는 이사의 청구를 받으면 그 보관금액에 관하여 증명서를 발급하여야 한다(상법 제318조 제1항). 다만, 자본금 총액이 10억 원 미만인 회사를 설립하는 경우에는 납입금보관증명서를 은행이나 그 밖의 금융기관의 잔고증명서로 대체할 수 있다(동조 제3항).

2. 모집설립

모집설립은 발기인이 설립에 임하여 발행하는 주식의 일부를 인수하고, 그 나머지를 발기인 이외에 주식의 인수를 하는 사람을 모집하는 설립방법이다. 모집은 공모든 사모든 상관없다.

모집설립에서는 출자된 금전의 납입에 대해서 납입 취급 금융기관에 납입금보관증명서의 발행을 의뢰하지 않으면 안 된다(상업등기규칙 제129조 제12호).

그리고 발기인은 납입 기일 또는 납입 기간의 말일 이후, 신속하게 창립총회를 개최한다. 창립총회는 주주총회의 전신에 해당하기 때문에 결의요건이 엄격하게 규정되어 있다. 창립총회의 결의는 출석한 주식인 수인의 의결권의 3분의 2 이상이며 인수된 주식의 총수의 과반수에 해당하는 다수로 하여야 한다(상법 제309조).

발기설립이 모집설립보다 절차가 간단하기 때문에 소규모로 주식회사의 설립을 검토되고 있는 경우에는 발기설립을 선택하는 것이 좋다.

〈발기설립과 모집설립의 차이〉[5]

구분	발기설립	모집설립
기능	소규모 회사 설립에 용이	대규모 자본 조달에 유리
주식의 인수	주식의 총수를 발기인이 인수	발기인과 모집주주가 함께 주식 인수
인수 방식	단순한 서면주의	법정기재사항이 있는 주식청약서에 의함
주식의 납입	발기인이 지정한 은행 그 밖의 금융기관에 납입	주식청약서에 기재한 은행 그 밖의 금융기관에 납입
납입의 해태	민법의 일반원칙에 따름	실권절차가 있음
창립총회	불필요	필요
기관구성	발기인의 의결권의 과반수로 선임	창립총회에 출석한 주식인수인의 의결권의 3분의 2 이상이고 인수된 주식의 총수의 과반수에 해당하는 다수로 선임
설립경과 조사	이사와 감사가 조사하여 발기인에게 보고	이사와 감사가 조사하여 창립총회에 보고
변태설립 사항	이사가 법원에 검사인 선임 청구, 검사인은 조사하여 법원에 보고	발기인은 법원에 검사인 선임 청구, 검사인은 조사하여 창립총회에 보고

---

[5] 법무부 중소기업법률지원단, 「주식회사설립절차」, 2면 참조, 주식회사설립절차에 대한 도표는 p, 168 참조.

주식회사 창업

제3장
발기인과 정관 작성

제1절 발기인

1. 발기인의 의의

주식회사를 설립하는 사람을 발기인이라고 한다. 주식회사설립절차에서는 발기인이 중요한 역할을 하므로, 누가 발기인이 될 수 있는가는 주식회사설립에 있어서 중요한 문제이다.[1]

발기인은 주식회사를 설립할 때 회사의 정관을 작성하고 그 정관에 기명날인 또는 서명을 해야 한다(상법 제288조 및 제289조 제1항).

2. 발기인의 자격 및 인원

1) 발기인의 자격조건

발기인이 될 수 있는 자격조건에는 제한이 없다. 따라서 법인이나 미성년자도 주식회사의 발기인이 될 수 있다.

2) 발기인의 인원수

주식회사설립 시 필요한 발기인의 인원수에는 제한이 없으므로, 발

---

1   법무부 중소기업법률지원단, 「주식회사설립절차」, 3면 참조.

기인의 구성은 1인만으로도 가능하다(상법 제288조 참조).

미성년자가 주식회사를 설립할 수 있나요?

Q 저는 중학교에 다니고 있는 학생입니다. 이번에 제가 발명한 상품을 제조할 목적으로 주식회사를 설립하고 싶은데요, 제가 직접 주식회사를 설립할 수 있나요?

A 회사를 설립하는 사람을 발기인이라고 합니다. 발기인의 자격에는 제한이 없어 미성년자인 중학생도 발기인이 되어 주식회사를 설립할 수 있습니다. 다만, 미성년자가 발기인으로서 회사를 설립하려면 법정대리인(친권자 또는 미성년후견인)의 동의가 있어야 합니다(「민법」 제5조 참조).

혼자서 주식회사를 설립하는 것이 가능한가요?

Q 주식회사를 설립하려고 같이 설립할 사람을 모집하였지만 찾기가 힘들어 혼자 주식회사를 설립하려고 하는데 가능한가요?

A 주식회사설립을 준비하는 발기인의 수에는 제한이 없으므로, 혼자서 주식회사를 설립할 수 있습니다. 이 경우 1인이 회사설립 업무를 담당하므로 발기설립으로 회사를 설립하게 되며, 발기인의 주식인수 → 주식인수금의 납입 → 회사기관의 구성 → 설립사항 조사 → 설립등기 및 사업자등록신청의 과정을 통해 설립됩니다.

제2절 발기인조합

주식회사의 설립절차를 개시하기 전에 설립기획자(발기인)들 사이에는 회사의 설립을 목적으로 하는 계약이 체결되는데, 여기서 설립할 회사의 목적, 규모, 출자금의 조달방법, 발기인이 인수할 주식의 수, 설립사무를 집행할 자 및 설립비용의 부담 등에 관한 사항이 정해진다. 이 계약에 의하여 발기인 사이에는 발기인조합이 성립되며 그 성질은 민법상의 조합이다(민법 제703조). 이 계약을 일반적으로 발기인 조합계약이라고 하는데 발기인 전원의 구두합의만으로도 성립될 수 있으나, 뒤에 분쟁이 발생되면 해결하기 곤란하므로 그 내용을 「설립계약서」로 작성하여 발기인 전원이 기명날인 또는 서명하는 것이 바람직하다(〈서식례 3-1〉 참조).

회사의 설립이 일정단계에 도달하면 「설립 중의 회사」라는 사단이 형성된다. 따라서 발기인조합과 「설립 중의 회사」는 병존하게 되나 양자는 전혀 별개의 존재이다.

발기인조합의 업무집행에 관한 의사결정은 발기인의 과반수로 한다(민법 제706조 제2항).[2] 그리고 발기인은 모두 업무집행에 관한 권리와 의무를 가지나 발기인 전원이 공동으로 설립사무를 담당하는 경우는 드물고, 그중 1인 또는 수인을 업무집행자로 정하는 것이 보통이다. 발기인조합의 업무집행자로 선임된 자를 발기인 대표라고 한다. 발기인 대표는

2　다만, 상법에서 발기인 전원의 동의가 필요한 것으로 규정하고 있는 정관 작성이나 주식발행사항을 결정할 때(정관에 달리 정함이 없는 경우)에는 발기인 전원의 동의가 있어야 한다(상법 제289조 제1항 및 제291조).

회사설립에 필요한 행위에 관하여 특별한 사정이 없는 한 발기인조합을 대표할 권한이 부여된 것으로 인정된다.

발기인조합이 성립한 후에도 민법의 일반원칙(민법 제716조, 제717조)에 따라서 발기인의 가입 또는 탈퇴가 가능하다. 그러나 주식인수인의 이익보호를 위하여 주식청약서의 작성교부 또는 주식인수인과의 관계가 생긴 뒤에는 가입과 임의탈퇴가 제한된다고 본다. 발기인이 사망한 경우에 발기인의 지위는 상속되지 않으나 발기인이 인수한 주식이나 부담한 재산적 의무는 상속인에게 승계된다.

〈서식례 3-1〉 발기인조합계약(설립계약서)

○○주식회사설립 계약서

20○○년 ○월 ○일에 ○○주식회사설립을 위한 발기인 총회를 개최하고 아래와 같이 계약을 체결한다.

제1조 [발기인의 성명]

　○○○, ○○○ … 및 ○○○는 ○○주식회사의 설립을 위한 발기인이 된다.

제2조 [회사의 목적]

　○○주식회사는 다음 사업의 경영을 목적으로 한다.

　　1. 전기제품의 제조 및 판매
　　2. 전기제품 및 전기부품의 매매

제3조 [회사가 발행한 주식의 총수]

　○○주식회사가 발행할 주식의 총수는 ○○만 주로하고 주식 1주의 금액은 5천 원으로 하며 주식의 종류는 기명식보통주식으로 한다.

제4조 [회사설립시에 발행하는 주식의 총수]

○○주식회사설립시에 발행하는 주식의 총수는 ○○만 주로 하고 그 발행가액은 1주당 5천 원으로 한다.

제5조 [주식의 인수]

　　전조의 주식 중 ○○주는 발기인이 인수하고 나머지 ○○주는 발기인 이외의 자를 모집하여 인수하게 한다.

제6조 [발기인 대표]

　　○○○는 ○○주식회사의 설립을 위한 발기인 대표가 되고 회사설립에 관한 통상의 업무를 담당함과 동시에 설립 중의 회사를 대표한다. 그러나 중요한 사항에 관하여는 발기인 총회에서 결정한다.

제7조 [발기인이 인수할 주식수]

　　발기인 ○○○ ○○주

　　발기인 ○○○ ○○주

제8조[설립비용과 그 분담]

　　회사설립에 필요한 비용은 ○○만 원 이내로 하고 각 발기인이 균등하게 분담한다.

　　이 계약의 내용을 명확히 하기 위하여 본서 ○○통을 작성하여 회사에 1통을 보관하고 각 발기인이 1통씩을 보관한다.

20○○년 ○월 ○일

○○주식회사 발기인 대표 ○○○ (인)

발기인 ○○○ (인)

　　발기인조합은 민법상 조합의 성질을 가지므로 회사가 성립하면 그 목적의 달성으로 해산하게 되고, 회사의 성립이 불가능하게 된 경우에도 목적달성의 불능으로 해산하게 된다.

제3절 발기인조합과 설립 중의 회사

발기인이 복수 있는 경우에는 발기인 간에 회사의 설립을 목적으로 하는 발기인조합이라는 민법상의 조합이 형성된 것으로 여겨진다. 발기인조합은 회사의 설립을 목적으로 정관 작성이나 주식인수인 모집 등 회사설립에 필요한 행위를 한다. 회사설립에 필요한 행위는 설립 중의 회사에게는 설립행위에 해당하지만, 발기인조합에게는 조합계약을 이행하는 행위가 된다. 발기인조합과 설립 중의 회사 간에는 밀접한 관계가 있지만 어디까지나 개별적인 존재이다.[3] 회사설립 후 등기가 이루어지면 발기인조합은 목적 달성에 따라 해산하고,[4] 설립 중의 회사는 법인격을 취득하여 완전한 회사가 된다.

---

3 소위 설립 중의 회사라 함은 주식회사의 설립과정에 있어서 발기인이 회사의 설립을 위하여 필요한 행위로 인하여 취득 또는 부담하였던 권리의무가 회사의 설립과 동시에 그 설립된 회사에 귀속되는 관계를 설명하기 위한 강학상의 개념이다(대법원 1970.08.31. 선고 70다1357 판결). 설립 중의 회사로서의 실체가 갖추어지기 이전에 발기인이 취득한 권리·의무는 구체적 사정에 따라 발기인 개인 또는 발기인조합에 귀속되는 것으로서 이들에게 귀속된 권리의무를 설립 후의 회사에 귀속시키기 위하여는 양수나 채무인수 등의 특별한 이전행위가 있어야 할 것이다[최준선, "설립 중의 회사의 성립 전 취득재산의 귀속과 이전-대법원 1990. 12. 26. 선고, 90누2536 판결(양도소득세 부과처분 취소사건)-", 「상사판례연구」 제Ⅳ권(박영사, 2000), 166면].

4 발기인이 회사설립에 필요한 행위로 인하여 취득하거나 부담한 권리·의무는 회사성립과 동시에 당연히 그 회사에 귀속된다(대법원 1970. 08. 31. 선고 70다1357 판결).

1. 설립 중의 회사의 성립시기

주식회사의 설립과정에서 설립등기 이전에 어느 정도 회사로서의 실체를 갖춘 미완성의 회사를 「설립 중의 회사」라고 한다. 그 법적 성질은 회사의 성립을 목적으로 하는 권리능력 없는 사단이라는 것이 통설이다. 설립 중의 회사의 창립시기는 발기인이 정관을 작성하여 공증인의 인증을 받고 각 발기인이 1주 이상의 주식을 인수한 때라고 보는 설(대법원 1985.7.23. 선고 84누678 판결)도 있으나, 정관 작성 시에 주식회사의 구성원의 전부 또는 일부가 이미 확정되어 사단으로서의 실체가 갖추어졌다고 볼 것이므로 정관 작성 시라고 보는 것이 타당해 보인다.[5]

2. 설립 중의 회사의 능력

결국, 설립 중의 회사는 장차 성립할 회사의 전신으로서 비록 법인격은 없지만 성립 후의 회사와 실질적으로는 동일한 존재라고 할 수 있다. 설립 중의 회사에 대하여도 소송상의 당사자능력(민사소송법 제48조)과 등기능력(부동산등기법 제30조) 및 예금거래능력 등이 인정된다.

발기인은 설립 중의 회사의 집행기관이지만 설립 중의 회사를 위해 자유롭게 활동할 수는 없다. 발기인의 행위는 설립 중의 회사의 행위로 간주되어 설립 후 회사에 귀속되므로 설립 후 회사의 재산적 기초가 손상될 위험이 매우 높기 때문이다. 따라서 발기인의 권한 범위를 한정할

---

[5]　이철송, 「회사법강의」(제30판)(박영사, 2022), 234면.

필요가 있다. 일반적으로는 정관 작성, 창립총회 소집 등 설립을 직접적인 목적으로 하는 행위나 설립사무소 임차나 사무원 고용 등 설립에 필요한 행위는 발기인 권한 내의 행위인 것으로 되어 있다.

원재료나 상품의 매입 등 영업을 개시하기 위한 준비행위(개업준비행위)도 발기인의 권한 내인지가 문제된다. 발기인은 회사설립을 위해 일하는 것이므로 회사설립에 필요한 행위를 할 수 있음은 물론이다. 그러나 개업준비행위는 설립을 전제로 한 영업행위의 일부로 볼 수 있으므로 원칙적으로 발기인에게는 개업준비행위는 할 수 없다고 보는 것이 타당하다. 다만, 개업준비행위의 일종으로 되어 있는 재산인수에 대해서는 그 필요성이 크기 때문에 변태설립사항으로서 그 재산의 종류·수량·가격과 그 양도인의 성명을 정관에 기재한 경우에 한하여 허용된다(상법 제290조 제3호).

제4절 정관

1. 정관의 의의와 성질

정관이란 실질적으로 회사의 조직과 활동을 정한 근본규칙을 말하고, 형식적으로는 이 근본규칙을 기재한 서면을 말한다. 주식회사의 설립에는 발기인이 정관을 작성하고 여기에 일정한 사항을 기재하여 발기인 전원이 기명날인 또는 서명하여야 한다(상법 제289조 제1항).

회사에서 근무하는 직원은 취업규칙[6]에 따라 일을 한다. 취업규칙에는 근무체계나 잔업시간에 관한 「노동시간」이나 「복무규정」, 「휴가제도」라고 하는 다양한 규칙이 정해져 있다. 종업원이 취업규칙에 따라 일을 하는 것과 마찬가지로 회사라는 조직 자체는 정관에 따라 운영된다. 즉, 정관이란 회사조직을 편성하기 위한 규정을 정리한 문서로 정관이 없으면 회사라는 조직을 만들 수 없다고 할 수 있다.

회사의 설립 시에 작성하는 정관을 회사성립 후에 변경된 정관과 구별하여 '원시정관'이라 부르며 원시정관은 공증인의 인증을 받아야 효력이 발생한다(상법 제292조).[7] 공증인의 인증을 받은 정관은 회사설립 전뿐만 아니라 설립 후에도 적법한가 위법한가를 판단하는 지침으로 회사

---

6 취업규칙이란 근로자가 취업상 준수해야 할 규율과 근로조건에 관한 구체적인 사항을 정한 규칙이다. 상시 10인 이상의 근로자를 사용하는 사용자는 그 사업장에 적용될 취업규칙을 작성하여 노동부 장관에게 신고해야 한다(근로기준법 제93조). 취업규칙에서 정하여야 하는 사항으로는 다음과 같은 것이 있다(동조).
　1. 업무의 시작과 종료 시각, 휴게시간, 휴일, 휴가 및 교대 근로에 관한 사항
　2. 임금의 결정·계산·지급 방법, 임금의 산정기간·지급시기 및 승급(昇給)에 관한 사항
　3. 가족수당의 계산·지급 방법에 관한 사항
　4. 퇴직에 관한 사항
　5.「근로자퇴직급여 보장법」제4조에 따라 설정된 퇴직급여, 상여 및 최저임금에 관한 사항
　6. 근로자의 식비, 작업 용품 등의 부담에 관한 사항
　7. 근로자를 위한 교육시설에 관한 사항
　8. 출산전후휴가·육아휴직 등 근로자의 모성 보호 및 일·가정 양립 지원에 관한 사항
　9. 안전과 보건에 관한 사항
　9의2. 근로자의 성별·연령 또는 신체적 조건 등의 특성에 따른 사업장 환경의 개선에 관한 사항
　10. 업무상과 업무 외의 재해부조(災害扶助)에 관한 사항
　11. 직장 내 괴롭힘의 예방 및 발생 시 조치 등에 관한 사항
　12. 표창과 제재에 관한 사항
　13. 그 밖에 해당 사업 또는 사업장의 근로자 전체에 적용될 사항

7 정관은 계속해서 회사의 법률관계를 구속하므로 그 변경도 엄격한 절차에 의해야 한다. 그러나 회사성립 후 정관변경 시에는 공증인의 인증을 받을 필요가 없지만, 변경내용 중 등기할 사항이 있는 경우에는 주주총회 의사록에 대한 공증인의 인증을 받도록 하고 있다.

조직을 총괄하는 규칙이다. 또한, 정관은 회사법의 법원(法源)의 하나이기도 하다(상법 제195조 참조).

정관은 공증인의 인증을 받아야 법적인 효력이 발생하므로 공증인의 인증을 받지 않은 정관으로 회사를 설립할 경우 설립이 무효가 되며 주주 등으로부터 무효원인으로 제소될 우려가 있다.

정관의 법적 성질에 대하여는 정관의 구속력이 구성원의 자유로운 가입 · 탈퇴 의사에 의해 정해지는 계약적 성질을 갖는 것이 아니고, 회사 구성원을 당연히 구속하는 법규의 일종으로서 '자치법'이라고 보는 것이 다수설이다. 정관이 작성되면, 이를 작성한 발기인뿐만 아니라 그밖의 사원, 그 이후에 회사에 가입한 사원, 회사의 기관 등도 이에 구속을 받고, 정관변경의 경우에 이에 반대한 주주도 구속을 받기 때문이다. 즉, 정관은 법령보다 하위의 규범인 자치법규로서, 그 내용이 강행법규에 위배되지 않는 한 정관을 작성한 발기인은 물론 회사의 주주와 기관에 효력이 미친다. 그러나 제3자에 대하여는 직접적으로는 효력이 미치지 않으며, 제3자와 회사의 계약을 통하여 간접적으로 효력이 미친다.[8]

주주총회의 결의방법이나 결의내용이 정관에 위반하는 경우에는 결의취소의 사유가 되고(상법 제376조 제1항), 이사가 정관에 위반한 행위를 하는 경우에는 그 행위의 유지를 청구할 수 있으며(상법 제402조), 정관에 위반한 행위를 한 이사에 대하여는 손해배상을 청구할 수 있다(상법 제399조 제1항).

---

8 정문호, "정관에 대한 일반적 이해와 정관변경 실무", 「상장」 2020년 10월호(한국상장회사협의회, 2020), 77면.

2. 정관의 작성

1) 서면행위로서의 정관 작성

정관의 작성은 회사의 설립행위를 구성하는 하나의 절차이다(상법 제288조). 정관은 설립 시 발기인이 작성하고, 발기인이 기명날인 또는 서명하여야 하며, 그 내용에 관한 분쟁과 부정행위를 방지하기 위해 공증인의 인증을 받아야 한다(상법 제292조[9]).

정관 작성행위는 회사설립행위의 중요한 일부를 구성하는 법률행위로서 그 성질은 합동행위라고 한다.

정관에 기명날인 또는 서명을 할 때에 주의할 점은 다음과 같다.[10]

① 정관에 기명날인 또는 서명을 할 때 발기인이라는 문자를 반드시 기재할 필요는 없고, 단순히 정관에 기명날인 또는 서명을 한 경우에도 특별한 사유가 없는 한 발기인으로서의 기명날인 또는 서명으로 볼 수 있다.

② 정관은 대리인에 의하여서도 작성될 수 있으나 대리인은 본인을 위하여 한다는 뜻을 기재하고 자기(대리인)의 기명날인 또는 서명을 하여야 한다.

③ 법인이 발기인인 경우에는 법인의 대표자가 대표관계를 기재하고 기명날인 또는 서명하여야 하며, 단순히 법인명을 기재하고 법인인(法人印)을 날인한 것은 발기인의 기명날인으로 인정되지 않는다.

---

9   정관은 공증인의 인증을 받음으로써 효력이 생긴다. 다만, 자본금 총액이 10억 원 미만인 회사를 제295조 제1항에 따라 발기설립(發起設立)하는 경우에는 제289조 제1항에 따라 각 발기인이 정관에 기명날인 또는 서명함으로써 효력이 생긴다.

10   이형규, 「회사설립의 실무」(청림출판, 1993), 53면.

2) 정관의 인증

(1) 인증의 대상

주식회사와 유한회사의 원시정관은 원칙적으로 공증인의 인증을 받음으로써 효력이 생긴다. 다만 자본금 총액이 10억 원 미만인 회사를 발기설립하는 경우에는 발기인의 기명날인 또는 서명만으로도 효력이 생긴다(상법 제292조).

(2) 정관인증의 절차

정관인증은 발기인(발기인으로부터 위임받은 대리인 포함) 전원이 촉탁하여야 한다. 공증인은 정관 2통을 제출받아, 정관이 법령에 위반된 사항이 없는지와 절대적 기재사항이 기재되었는지 확인하고, 특별한 문제가 없으면 촉탁인 또는 그 대리인으로 하여금 공증인 앞에서 제출된 각 정관에 발기인이 서명 또는 기명날인하였음을 확인하게 한 후 그 사실을 적는 방법으로 인증한다(공증인법 제63조 제1항, 제2항). 공증인은 인증한 정관 중 1통은 공증사무소에 보존하고 다른 1통은 촉탁인 또는 대리인에게 교부한다(동조 제3항).

3. 정관의 기재사항

주식회사 정관의 기재사항에는 절대적 기재사항, 상대적 기재사항, 임의적 기재사항 등 세 종류가 있다. 절대적 기재사항은 상법이 정관에 반드시 기재하도록 요구하는 사항으로 그중 어느 하나라도 빠지거나 그 내용이 위법하면 정관 자체가 무효가 되는 정관의 유효요건이다. 상대적 기재사항은 정관에 기재하지 않아도 정관의 효력에는 영향이 없으나 만일 그러한 사항이 있다면 반드시 정관에 기재하여야 그 효력이 인정되는 사항이다. 임의적 기재사항은 위 두 가지에 해당하지 아니하나 편의상 정관에 기재한 것을 말한다. 상대적 기재사항과 임의적 기재사항을 정관에 기재하면 절대적 기재사항과 마찬가지로 구속력이 있다.

1) 절대적 기재사항

정관의 절대적 기재사항은 그 기재를 흠결하면 정관이 무효가 되는 사항을 말한다. 상법 제289조는 발기인이 아래의 내용을 정관에 반드시 포함시키도록 규정하고 있다.

(1) 회사의 목적

회사가 영위하는 사업을 말하며 목적은 적법하여야 하고, 영리성이 있어야 하며, 명확하고 구체적이어야 한다.[11] 따라서 주식회사의 목적에 장학사업, 선교사업과 같은 비영리 또는 공익사업을 목적으로 할 수 없다. 또한, 무역업, 부동산업과 같이 포괄적인 표현이 아닌 전자제품판매, 운동기구의 판매와 같이 구체적으로 기재하여야 한다.

---

11 사업목적은 주주에게는 출자의 동기를, 이사에게는 자신이 수행해야 할 업무집행의 범위를, 제3자에 대해서는 회사를 상대로 거래함에 있어 회사에 대해 기대할 수 있는 반대급부의 범위를 예측하는 기준이 되기 때문에 이러한 취지를 달성하기 위해서 이해관계인들에게 예측가능성을 부여할 수 있을 정도로 구체성을 띠어야 한다. 따라서 단순히 '상업', '서비스업' 등과 같은 막연한 규정은 허용되지 아니한다[최승호, "사업목적에 기재되지 않은 사업의 영위", 「상장」 2007년 4월호(한국상장회사협의회, 2007), 154면].

(2) 상호

회사의 명칭 또는 호칭으로서 문자로 기재하고 부를 수 있어야 한다. 회사의 종류에 따라 주식회사, 유한회사 등의 문자를 반드시 사용하여야 한다(상법 제19조). 회사가 아니면서 상호에 회사라는 문자를 사용하는 것도 허용되지 않는다(상법 제20조).[12] 회사는 1개의 상호만을 가질 수 있으므로, 설립하려는 주식회사에 지점이 있는 경우 지점의 상호에는 본점과의 종속관계를 표시해야 한다(상법 제21조).

(3) 회사가 발행할 주식의 총수(발행예정주식총수)

'회사가 발행할 주식'이란 회사가 정관 변경을 하지 않고 이사회 또는 주주총회의 결의를 통해 발행할 수 있는 총 주식을 의미한다. 2011년 개정상법 이전에는 설립 시에 발행하는 주식의 총수는 발행할 주식 총수의 4분의 1 이상일 것이 요구되었으나(제289조 제2항), 현재는 해당 조항이 삭제되었으므로 설립 시 발행할 주식과 관계 없이 회사가 발행할 주식을 정할 수 있다.

(4) 액면주식을 발행하는 경우 1주의 금액(액면가)

회사는 액면주식이나 무액면주식을 선택할 수 있는데 어느 하나로 통일하여야 하고 액면주와 무액면주를 동시에 발행할 수는 없다(상법 제329조 제1항), 액면주를 선택한 경우에는 반드시 1주의 금액을 정관에 기재하여야 하는데 1주의 금액은 100원 이상이어야 한다(동조 제3항).

---

12 회사의 영업을 양수한 경우에도 같다.

(5) 회사의 설립 시에 발행하는 주식의 총수(실제발행주식총수)

(6) 본점의 소재지

본점은 영업활동의 본거지가 되는 주된 영업소로서 지점은 여러 개가 있을 수 있지만 본점은 1개만 있다. 소재지는 최소행정구역으로서 보통 시, 군을 의미하지만 서울특별시와 광역시는 '서울특별시'나 '광역시'를 최소행적구역으로 하는 것이 실무관행이다. 정관에는 법인등기부와 달리 소재지만 기재하고 지번까지는 기재하지 않는다.[13]

(7) 회사가 공고를 하는 방법

회사의 공고는 관보 또는 시사에 관한 사항을 게재하는 일간신문에 하여야 한다. 다만, 회사는 그 공고를 정관으로 정하는 바에 따라 전자적 방법으로 할 수 있다(상법 제289조 제3항). 2009년 상법 개정에 따라 주식회사는 정관으로 정하는 바에 따라 전자적 방법으로 할 수 있는데, 전산장애 등을 대비하여 보충적으로 공고할 일간신문을 반드시 기재하여야 한다.[14]

---

13 주식회사의 본점의 소재지는 정관의 절대적 기재사항이므로 정관에 기재된 동일 최소행정구역 이외로 본점을 이전할 경우에는 정관을 변경하는 주주총회의 결의를 요하게 된다(상법 제289조 제1항, 제433조). 그리고 주식회사가 본점을 타 관할로 이전하여 그 등기용지가 폐쇄되었다면 구 본점소재지 관할등기소에서는 그 인감증명을 교부할 수 없다(구 본점소재지에서 본점이전등기를 한 경우 구 본점소재지 관할등기소에서 인감증명을 교부할 수 있는지 여부 등 제정 1986. 2. 15. [상업등기선례 제1-115호, 시행]).

14 주식회사는 정관으로 정하는 바에 따라 전자적 방법으로 공고할 수 있다(상법 제289조 제3항 단서). 전자적 방법이란 회사의 인터넷 홈페이지에 게재하는 방법이다(상법 시행령 제6조 제1항). 회사의 인터넷 홈페이지의 주소는 등기되어야 한다(상법 시행령 제6조 제2항). 공고 내용은 홈페이지 초기화면에서 쉽게 찾을 수 있도록 하는 등 이용자의 편의를 위한 조치를 취해야 한다(상법 시행령 제6조 제3항). 전산장애 또는 그 밖의 부득이한 사유로 전자적 방법으로 공고를 할 수 없는 경우에는 미리 정관에서 정하여 둔 관보 또는 일간

(8) 발기인의 성명, 주민등록번호 및 주소

2) 상대적 기재사항

정관에 기재하지 않아도 정관 자체의 효력에는 영향이 없으나 이를 정관에 기재해두지 않으면 회사의 법률관계로서 효력이 인정되지 않는 사항이다. 상대적 기재사항으로는 상법 제290조의 변태설립사항 이외에 상법의 여러 곳에 규정이 있다. 상대적 기재사항 가운데 주요한 것을 들어보면 다음과 같다.

신문에 공고해야 한다(상법 시행령 제6조 제4항). 따라서 전자적 방법으로 공고를 할 수 없는 때에 하는 공고방법을 미리 정관에 정하고 이를 등기해야 한다.

(1) 변태설립사항

① 발기인이 받을 특별이익과 이를 받을 자의 성명

발기인이 받을 특별이익이란 회사설비이용의 특혜, 신주인수의 우선권, 회사와 계속적 거래의 약속 등 회사설립의 공로자인 발기인에게 특별히 재산상의 특권을 인정하는 것을 말한다. 발기인에게 이사나 감사의 지위를 약속하는 것과 주금납입면제, 무상주 교부, 우선적인 이익배당 등은 허용되지 않는다.

② 현물출자

현물출자를 하는 자의 성명과 그 목적인 재산의 종류, 수량, 가격과 이에 대하여 부여할 주식의 종류와 수로서, 금전 이외의 재산으로서 동산, 부동산은 물론 특허권, 유가증권, 채권, 타 회사의 주식, 영업 자체 등이 대상이 될 수 있다. 현물출자를 하는 발기인은 납입기일에 지체 없이 출자의 목적인 재산을 인도하고 등기, 등록 그 밖의 권리의 설정 또는 이전을 요할 경우에는 이에 관한 서류를 완비하여 교부하여야 한다(상법 제295조 제2항).

③ 재산인수

회사의 성립을 조건으로 특정인으로부터 일정한 재산을 양수하기로 하는 계약을 말한다. 정관에 기재 없는 재산인수는 정관의 목적 범위를 벗어난 것으로서 무효이다.[15]

15 　상법 제290조 제3호는 변태설립사항의 하나로서 회사성립 후에 양수할 것을 약정한 재산의 종류, 수량, 가격과 그 양도인의 성명은 정관에 기재함으로써 그 효력이 있다고 규정하

④ 설립비용과 발기인의 보수

회사의 설립비용이나 발기인의 보수는 정관에 기재하지 않으면 회
사성립 후에 구상할 수 없으며, 발기인의 개인적인 지출에 그치고 만다.

정관기재사항인 현물출자

Q 주식회사를 설립하기 위해 친구에게 발기인으로 참여하여 투자해줄 것을 부탁
했는데요, 친구가 여유자금이 충분하지 않아서 출자금 대신에 자신의 소유로
되어 있는 작은 건물을 제공하겠다고 합니다. 그런데 이런 것도 정관에 기재해
야 하나요?

A 출자금 대신에 건물로 현물출자를 하려는 경우에는 변태설립사항에 해당하여
"현물출자 하는 자의 성명과 그 목적인 재산의 종류, 수량, 가격과 이에 대하여
부여할 주식의 종류와 수"를 정관에 기재해야 효력이 발생합니다.

---

(2) 기타의 상대적 기재사항

변태설립사항 이외의 상대적 기재사항은 '정관이 정하는 바에 따라'
등과 같은 형식으로 상법이나 특별법에 규정된 사항으로 주식에 관한 사
항, 주주총회에 관한 사항, 이사 · 감사 · 청산인, 이사회 등에 관한 사항,
사채에 관한 사항 등이 있다.

고 있고, 이때에 회사의 성립 후에 양수할 것을 약정한다 함은 이른바 재산인수로서 발기
인이 회사의 성립을 조건으로 다른 발기인이나 주식인수인 또는 제3자로부터 일정한 재산
을 매매의 형식으로 양수할 것을 약정하는 계약을 의미한다고 할 것이고, 아직 원시정관의
작성 전이어서 발기인의 자격이 없는 자가 장래 성립할 회사를 위하여 위와 같은 계약을
체결하고 그 후 그 회사의 설립을 위한 발기인이 되었다면 위 계약은 재산인수에 해당하고
정관에 기재가 없는 한 무효라고 할 것이다(대법원 1992. 9. 14. 선고 91다33087 판결).

변태설립사항[16]

Q 회사를 설립할 때 현물출자를 하려고 하는데요, 현물출자는 변태설립사항(變態設立事項)에 해당하여 반드시 정관에 작성하라고 하던데, 변태설립사항이란 무엇인가요?

A "변태설립사항"이란 설립 당시에 발기인에 의해 남용되어 자본충실을 해칠 우려가 있는 사항으로서, 회사 정관에 반드시 기재해야 하는 사항은 아니지만 정관에 기재해야만 효력이 인정되는 사항을 말합니다.

변태설립사항에는 네 가지가 있는데, '① 발기인이 받을 특별이익과 이를 받을 자의 성명, ② 현물출자를 하는 사람의 성명과 그 목적인 재산의 종류, 수량, 가격과 이에 대해 부여할 주식의 종류와 수, ③ 회사성립 후에 양수할 것을 약정한 재산의 종류, 수량, 가격과 그 양도인의 성명, ④ 회사가 부담할 설립비용과 발기인이 받을 보수액'이 있습니다(「상법」 제290조).

이 중에서 현물출자에 관한 사항은 출자재산을 과대평가할 위험이 있기 때문에 현물출자 하는 사람의 성명과 그 목적재산의 종류, 수량, 가격 등을 정관에 작성하도록 하고 있는 것입니다.

(3) 임의적 기재사항

상법이나 특별법에 규정되지 아니한 사항도 강행법규나 공서양속에 위반되지 않으면 정관에 기재할 수 있는데, 이러한 임의적 기재사항도 일단 정관에 기재되면 이를 변경하기 위해서는 주주총회 특별결의로 정관변경절차를 거쳐야 한다.

또한 일정한 사항을 정관에 규정할 경우 정관에 규정된 임의적 기재사항은 구속력을 가지기 때문에 정관에 규정할지 여부는 신중하게 결

---

16 법무부, "정관 작성 방법 및 기재사항", 「찾기쉬운 생활법령 정보」. ⟨https://www.easylaw.go.kr/CSP/CnpClsMain.laf?popMenu=ov&csmSeq=736&ccfNo=3&cciNo=1&cnpClsNo=1⟩.

정할 필요가 있다. 예를 들어 이사의 수를 몇 명으로 한다는 내용은 정관에 기재할 필요가 없는데 정관에 "이사의 수를 3인 이상 7인 이하로 한다"고 규정할 경우, 정관의 변경 없이 이사를 3인 미만으로 하거나 7인을 초과하여 선임할 수 없게 된다.[17]

4. 정관규정의 배열

정관의 규정은 다음 〈서식례 3-2〉에서 볼 수 있듯이, 일반적으로 총칙, 주식, 주주총회, 임원과 이사회, 계산의 5장과 부칙으로 구분하여 배열된다.

〈서식례 3-2〉 주식회사의 정관[18]

정관

제1장 총칙

제1조(상호) 당 회사는 '주식회사 …(회사명)' 또는 '…(회사명) 주식회사'라고 부른다.

제2조(목적) 당 회사는 다음 사업을 목적으로 한다.
1)
2)
3)
4)

---

17 정호석, "[법무 가이드] 회사의 정관이란?", 2016. 8. 8. 〈https://blog.rocketpunch. com/2016/08/08/articles-of-association/〉.

18 법무부, 주식회사 표준정관(출처: 법무부 9988중소기업법률지원단 홈페이지 → 자료실 → 법률사례와 법무자료 → 주식회사설립절차 안내).

5) 위 각 호에 관련된 부대사업 일체

⋮

제9조(주권불소지) 당 회사는 주권불소지 제도를 채택하지 아니한다.

제10조(주금납입의 지체) 회사설립 시의 주식인수인이 주금납입을 지체한 때에는 납입기일 다음 날부터 납입이 끝날 때까지 지체주금(遲滯株金) 1,000원에 대하여 1원의 비율로서 과태금(過怠金)을 회사에 지급하고 또 이로 인하여 손해가 생겼을 때는 그 손해를 배상하여야 한다.

제11조(주식의 명의개서) ① 당 회사의 주식에 관하여 명의개서를 청구함에 있어서는 당 회사 소정의 청구서에 기명날인하고 이에 주권을 첨부하여 제출하여야 한다. ② 양도 이외의 사유로 인하여 주식을 취득한 경우에는 그 사유를 증명하는 서면도 함께 제출하여야 한다.

제12조(질권의 등록 및 신탁재산의 표시) 당 회사의 주식에 관하여 질권의 등록 또는 신탁재산의 표시를 청구함에 있어서는 당 회사 소정의 청구서에 당사자가 기명날인하고 이에 확정된 제권판결의 정본 또는 주권을 첨부하여 제출하여야 한다. 그 등록 또는 표시의 말소를 청구함에 있어서도 같다.

제13조(주권의 재발행) ① 주식의 분할·병합, 주권의 오손 등의 사유로 주권의 재발행을 청구함에 있어서는 당 회사 소정의 청구서에 기명날인하고 이에 주권을 첨부하여 제출하여야 한다. ② 주권의 상실로 인하여 그 재발행을 청구함에 있어서는 당 회사 소정의 청구서에 기명날인하고 이에 확정된 제권판결의 정본 또는 등본을 첨부하여 제출하여야 한다.

제14조(수수료) 제11조 내지 제13조의 청구를 하는 자는 당 회사가 정한 수수료를 납부하여야 한다.

제15조(주주명부의 폐쇄 및 기준일) ① 당 회사에서는 매년 1월 1일부터 정기 주주총회의 종결일자까지 주주명부 기재의 변경을 정지한다. ② 제1항의 경우 이외에 주주 또는 질권자로서 권리를 행사할 자를 확정하기 위하여 필요한 때에는 이사회의 결의에 의하여 일정한 기간 동안 주주명부 기재의 변경을 정지하거나 또는 기준일을 정할 수 있다. 이 경우에는 그 기간 또는 기준일의 2주간 전에 공고하는 것으로 한다.

제16조(주주 등의 주소, 성명 및 인감의 신고) 주주, 등록질권자 또는 그 법정대리인이나 대표자는 당 회사 소정의 서식에 의하여 성명, 주소 및 인감을 당 회사에 신고하여야 한다. 신고사항에 변경이 있을 때에도 또한 같다.

제3장 주주총회(株主總會)

제17조(소집) 당 회사의 정기 주주총회는 영업연도 말일의 다음날부터 3월 이내에 소집하고 임시주주총회는 필요한 경우 수시 소집한다.

제18조(의장) 대표이사가 주주총회의 의장이 된다. 대표이사가 유고일 때에는 이사회에서 선임한 다른 이사가 의장이 된다.

제19조(결의) 주주총회의 결의는 법령 또는 정관에 다른 규정이 있는 경우를 제외하고는 발행주식 총수의 과반수에 해당하는 주식을 가진 주주의 출석으로, 그 출석주주의 의결권의 과반수에 의한다.

제20조(의결권의 대리행사 및 총회의 의사록) ① 주주는 대리인으로 하여금 그 의결권을 행사하게 할 수 있다. ② 총회는 의사록을 작성하여야 하며, 의사록에는 의사의 경과요령과 그 결과를 기재하고 의장과 출석한 이사가 기명날인하여야 한다.

제4장 임원과 이사회

제21조(이사와 감사의 수) 당 회사의 이사는 1인 이상, 감사는 1인 이상으로 한다.

제23조(감사의 선임) 당 회사의 감사는 제22조의 규정에 의한 결의 방법에 의하여 선임한다. 그러나 이 경우 의결권 없는 주식을 제외한 발행주식 총수의 100분의 3을 초과하는 주식을 가진 주주는 그 초과하는 주식에 관하여는 의결권을 행사하지 못한다.

제24조(이사 및 감사의 임기) ① 이사의 임기는 취임 후 3년으로 한다. 다만, 임기 중의 최종의 결산기에 관한 정기주주총회의 종결 시까지 연장할 수 있다. ② 감사의 임기는 취임 후 3년 내의 최종의 결산기에 관한 정기주주총회의 종결 시까지로 한다.

제25조(회사대표) 당 회사의 대표행위는 이사회의 결의로 선임한 대표이사가 행한다.

제26조(대표이사) ① 당 회사는 대표이사 1명을 두고 이사회의 결의로 그를 보좌할 전무이사 및 상무이사 약간명을 둘 수 있다. ② 필요에 따라 수인의 대표이사 또는 공동대표이사를 둘 수 있다. ③ 대표이사, 전무이사 및 상무이사는 이사회의 결의로 이사 중에서 선임한다.

제27조(업무진행) ① 대표이사 사장은 당 회사의 업무를 총괄하고 전무이사와 상무이사는 사장을 보좌하고 이사회에서 정하는 바에 따라 당 회사의 업무를 분담 집행한다. ② 대표이사 사장의 유고 시에는 미리 이사회에서 정한 순서에 따라 전무이사 또는 상무이사가 사장의 직무를 대행한다.

제28조(임원의 보선) 이사 또는 감사가 결원되었을 때는 임시주주총회를 소집하여 보선한다. 다만, 법정 수를 결하지 아니한 경우에는 그러하지 않을 수 있다. 보선 및 증원으로 인하여 선임된 이사나 감사의 임기는 취임한 날로부터 기산한다.

제29조(이사회의 소집) 이사회는 대표이사 또는 이사회에서 따로 정한 이사가 있을 때에는 그 이사가 회의 개최 7일 전에 각 이사 및 감사에게 통지하여 소집한다. 그러나 이사 및 감사 전원의 동의가 있는 때에는 소집절차를 생략할 수 있다.

제30조(이사회의 결의) 이사회의 결의는 이사 과반수의 출석과 출석이사의 과반수로 한다.

제31조(감사의 직무) 감사는 당 회사의 회계와 업무를 감사한다. 감사는 이사회에 출석하여 의견을 진술할 수 있다.

제32조(보수와 퇴직금) 임원의 보수 또는 퇴직금은 주주총회의 결의로 정한다.

제5장 계산(計算)

제33조(영업연도) 당 회사의 영업연도는 매년 1월 1일부터 당해 연도 12월 31일까지로 한다.

제34조(재무제표, 영업보고서의 작성·비치) ① 당 회사의 사장은 정기총회 개최 6주간 전에 다음 서류 및 그 부속명세서와 영업보고서를 작성하여 이사회의 승인과 감사의 감사를 받아 정기총회에 제출하여야 한다.

1) 대차대조표

2) 손익계산서

3) 이익금 처분계산서 또는 결손금 처리계산서

② 제1항의 서류는 감사보고서와 함께 정기총회 개최 1주일 전부터 당 회사의 본점과 지점에 비치하여야 하고, 총회의 승인을 얻었을 때에는 그중 대차대조표를 지체 없이 공고하여야 한다.

제35조(이익금의 처분) 매기 총 수입금에서 총 지출금을 공제한 잔액을 이익금으로 하여 이를 다음과 같이 처분한다.

1) 이익준비금(매결산기의 금전에 의한 이익배당금액의 10분의 1 이상)

2) 별도적립금 약간

3) 주주배당금 약간

4) 임원상여금 약간

5) 후기 이월금 약간

제36조(이익배당) 이익배당금은 매 결산기 말일 현재의 주주명부에 기재된 주주 또는 등록질권자에게 지급된다.

부칙

제37조(최초의 영업연도) 당 회사의 최초 영업연도는 회사의 설립일로부터 당해 연도 12월 31일까지로 한다.

제38조(준용규정 및 내부규정) ① 이 정관에 규정되지 않은 사항은 주주총회결의 및 상사에 관한 법규, 기타 법령에 의한다. ② 당 회사는 필요에 따라 이사회 결의로 업무수행 및 경영상 필요한 세칙 등 내규를 정할 수 있다.

제40조(시행일자) 이 정관은 ○○○○년 ○월 ○일부터 시행한다.

위와 같이 주식회사...(회사명)을 설립하기 위하여 이 정관을 작성하고 발기인 전원이 이에 기명날인한다.

○○○○년 ○월 ○일

주식회사 ○○○ (회사명)

(주소)

발기인: 성명(주민등록번호)

(주소)

발기인: 성명(주민등록번호)

(주소)

※ 본 정관양식은 주식회사 정관에 기재하여야 할 가장 기본적인 내용을 예시한 것이므로, 실제 정관 작성 시에 다른 상대적·임의적 사항들을 기재할 수 있음

각각의 장에는 다음과 같은 사항이 규정된다.[19]

① 총칙의 장: 상호, 목적, 본점의 소재지, 공고의 방법 등

② 주식의 장: 회사가 발행할 주식의 총수, 1주의 금액, 설립 시 발행하는 주식의 수, 주권의 종류, 명의개서의 절차, 명의개서대리인의 설치, 주주와 질권자의 성명 · 주소 · 인감의 제출, 주주명부의 폐쇄와 기준일 등

③ 주주총회의 장: 소집시기, 소집권자, 의장, 보통결의의 요건완화의 규정, 의사방법, 의결권의 대리행사, 의사록 등

④ 임원 · 이사회의 장: 이사 · 감사의 원수(員數), 선임방법, 임기, 대표이사, 이사회의 소집권자, 이사회의 의장, 이사회 소집통지의 기간단축, 이사회의 결의요건, 결의사항, 의사록 등

⑤ 계산의 장: 영업연도 및 결산에 관한 사항, 이익처분의 방법, 배당금수령권자의 확정, 배당금지급청구권의 소멸시효기간 등

⑥ 부칙의 부: 설립 시의 현물출자의 규정, 발기인의 주소 · 성명 등(절대적 기재사항과 상대적 기재사항 가운데 일시적인 것으로 장래에 삭제할 수 있는 사항을 기재한다)

---

19 이형규, 전게서, 58-59면 참조.

제5절 정관의 구체적 내용

1. 총칙에 관한 규정

1) 상호

주식회사의 이름을 '상호'라고 한다. 주식회사를 설립하기 위해서는 반드시 상호가 필요하다. 상호는 주식회사의 얼굴이나 마찬가지이기 때문에 이를 정하기 위하여 충분히 생각할 필요가 있다.

상호는 원칙적으로 자유롭게 지을 수 있다. 그러나 동일한 특별시 · 광역시 · 시 또는 군내에서는 동일한 영업을 위하여 다른 사람이 등기한 것과 동일한 상호는 등기할 수 없다(상업등기법 제29조).

또한, 타인의 영업으로 오인할 수 있는 상호를 사용하는 행위는 「상법」, 「부정경쟁방지 및 영업비밀보호에 관한 법률」에 의하여 금지된다 (상법 제23조 제1항, 제4항, 부정경쟁방지 및 영업비밀보호에 관한 법률 제2조 제1호 나목).[20] 유사상호의 여부는 사회 일반인의 입장에서 보아 신청인의 상호가 상호를 등기한 타인을 지칭하는 것으로 오인 · 혼동하게 할 우려가 있는지 여부로 판단한다.[21]

---

20 상법 제23조 제1항은 "누구든지 부정한 목적으로 타인의 영업으로 오인할 수 있는 상호를 사용하지 못한다"고 규정하고 있고, 제23조 제4항은 "동일한 특별시 · 광역시 · 시 · 군에서 동종 영업으로 타인이 등기한 상호를 사용하는 자는 부정한 목적으로 사용하는 것으로 추정한다"고 규정하고 있는바, 위 조항에 규정된 '부정한 목적'이란 어느 명칭을 자기의 상호로 사용함으로써 일반인으로 하여금 자기의 영업을 그 명칭에 의하여 표시된 타인의 영업으로 오인시키려고 하는 의도를 말한다(대법원 2004. 3. 26. 선고 2001다72081 판결).

21 유사상호 등의 판단 기준에 관한 예규(제정 2007. 12. 11. [등기예규 제1231호, 시행 2008.

유사상호를 사용하고 있는 경쟁회사에 대한 손해배상청구

Q 작은 치킨집에서 시작해 치킨 관련 프랜차이즈업으로 사업을 확대하여 운영하고 있는 사람입니다. 그런데, 저희 회사와 비슷한 상호와 메뉴로 치킨 프랜차이즈업을 시작한 경쟁 치킨회사 때문에 매출도 많이 줄고 피해가 이만저만이 아닙니다. 어떻게 해야 하나요?

A 유사한 영업표지로 그 상호를 사용하는 행위는 일반 수요자로 하여금 피해자의 영업표지와 혼동하게 하는 부정경쟁행위에 해당하므로, 이에 대한 손해배상을 청구할 수 있을 것으로 보입니다(「부정경쟁방지 및 영업비밀보호에 관한 법률」 제5조).

이와 유사한 사례에서 판례는 "영업표지의 유사 여부는 동종의 영업에 사용되는 두 개의 영업표지를 외관, 호칭, 관념 등의 점에서 전체적·객관적·이격적으로 관찰하여 구체적인 거래실정상 일반 수요자나 거래자가 그 영업의 출처에 관하여 오인·혼동할 우려가 있는지 여부에 의하여 판별하고, 「부정경쟁방지 및 영업비밀보호에 관한 법률」에서 "타인의 영업상의 시설 또는 활동과 혼동을 하게 한다"는 것은 영업표지 자체가 동일하다고 오인하게 하는 경우뿐만 아니라 타인의 영업표지와 동일 또는 유사한 표지를 사용함으로써 일반수요자나 거래자로 하여금 당해 영업표지의 주체와 동일·유사한 표지의 사용자 간에 자본, 조직 등에 밀접한 관계가 있다고 잘못 믿게 하는 경우도 포함한다. 그리고 그와 같이 타인의 영업표지와 혼동을 하게 하는 행위에 해당하는지 여부는 영업표지의 주지성, 식별력의 정도, 표지의 유사 정도, 영업 실태, 고객층의 중복 등으로 인한 경업·경합관계의 존부, 모방자의 악의(사용의도) 유무 등을 종합하여 판단하여야 한다고 판시하여 손해배상청구를 인정하였습니다(대법원 2011. 4. 28. 선고, 2009도11221 판결).

---

1. 1.]) 제8조(유사상호의 판단 요건) 상호에 관한 등기 신청이 다음 각 호의 요건 을 충족할 경우 등기관은 그 신청을 각하하여야 한다.
1. 신청인이 타인의 상호의 등기가 있는 특별시·광역시·시·군의 관할 등기소에 상호에 관한 등기를 신청하였을 것
2. 신청인의 상호가 타인의 상호와 그 자체로 유사성이 있을 것
3. 신청인이 타인과 동일 또는 동종의 영업을 하거나 하려고 할 것

회사는 법률상 1개의 기업으로 인정되기 때문에 여러 종류의 사업을 경영하는 경우에도 상호는 1개이어야 한다. 주식회사의 상호는 원칙적으로 자유롭게 정할 수 있으나(상법 제18조), 주식회사의 상호에는 반드시 「주식회사」라는 문자를 사용하여야 한다(상법 제19조). 그리고 특별법상 특정영업(은행업, 증권업 등)을 영위하는 회사는 회사의 상호 중에 은행 등 특정한 문자를 사용하여야 하며 이러한 영업을 하지 않는 회사는 그 상호 중에 이러한 영업을 나타내는 문자를 사용하지 못하도록 특별법으로 금지하고 있다(은행법 제14조[22] 등).

회사의 상호는 설립등기 사항이므로 설립등기를 하면 자동으로 상호가 등기되며, 별도로 상호등기를 할 필요는 없다(상업등기법 제37조 제1항). 타인이 등기한 상호는 동일한 특별시 · 광역시 · 시 · 군에서 동종영업의 상호로 등기하지 못한다(상법 제22조).

동일상호가 있는지 확인하려면?

Q 주식회사 상호를 정해서 등기하려고 하는데요, 요즘 비슷한 상호가 너무 많아서 회사상호를 정하기가 쉽지가 않습니다. 혹시 다른 회사가 등기한 상호를 확인할 수 있는 방법은 없나요?

A 타인이 등기한 상호는 등기할 수 없으므로, 회사설립 등기를 하기 전에 선정한 상호가 기존 회사의 상호와 동일한지 여부를 반드시 확인해야 합니다. 새로 지은 상호가 이미 등기되어 있는지 알아보려면 〈인터넷등기소(www.iros.go.kr) → 법인등기 → 열람하기〉에서 확인할 수 있습니다.

---

[22] 제14조(유사상호 사용 금지) 한국은행과 은행이 아닌 자는 그 상호 중에 은행이라는 문자를 사용하거나 그 업무를 표시할 때 은행업 또는 은행업무라는 문자를 사용할 수 없으며, 은행 · 은행업 또는 은행업무와 같은 의미를 가지는 외국어 문자로서 대통령령으로 정하는 문자를 사용할 수 없다.

부정한 목적으로 타인의 영업으로 오인할 수 있는 상호를 사용하는 자가 있는 경우에 이로 인하여 손해를 받을 염려가 있는 자 또는 상호를 등기한 자는 그 폐지를 청구할 수 있다(상법 제23조 제1항 및 제2항). 물론, 손해배상을 청구할 수도 있다(동조 제3항).[23] 이 경우 동일한 특별시 · 광역시 · 시 · 군에서 동종영업으로 타인이 등기한 상호를 사용하는 자는 부정한 목적으로 사용하는 것으로 추정한다(동조 제4항).

2) 목적

회사의 목적이란 회사가 영위하는 사업을 말한다. 회사의 목적은 적법하여야 하고, 영리성이 있어야 하며, 명확하고 구체적이어야 한다.

발기인은 정관을 작성할 때 회사의 목적을 정해야 한다(상법 제289조 제1항 제1호). 또한 회사는 영리를 목적으로 하므로, 주식회사의 목적사업은 영리를 추구하는 사업이어야 한다(상법 제169조 참조). 따라서 주식회사의 목적에 장학사업, 선교사업과 같은 비영리 또는 공익사업을 목적으로 할 수 없고, 무역업, 부동산업과 같이 포괄적인 표현이 아닌 전자제품 판매, 운동기구의 판매와 같이 구체적으로 기재하여야 한다.

이사가 고의 또는 과실로 정관을 위반할 경우에는 손해배상책임을 부담하고, 직무에 관하여 정관을 위반한 중대한 사실이 있으면 해임사유

---

[23] 상법 제23조 제1항 내지 제3항은 부정한 목적으로 타인의 영업으로 오인할 수 있는 상호를 사용하고 있는 자가 있는 경우에 이로 인하여 손해를 받을 염려가 있는 자나 상호를 등기한 자는 그 상호의 폐지를 청구할 수 있는 외에 손해배상청구도 할 수 있다는 취지로 규정하고 있을 뿐이므로, 상법상 부정목적 상호사용행위를 이유로 손해배상청구를 하고자 하는 자는 민법 제750조에 규정된 불법행위로 인한 손해배상청구의 요건으로서 침해자의 고의 또는 과실, 침해행위, 침해행위와 상당인과관계 있는 손해의 발생에 관한 주장, 입증 책임을 부담한다고 할 것이다(서울고법 2002. 5. 1. 선고 2001나14377 판결).

가 되며, 정관에 위반한 행위로 회복할 수 없는 손해가 생길 염려가 있는 경우에는 유지청구권(留止請求權)을 행사할 수 있는 근거가 되므로, 회사의 설립목적은 회사의 업무를 수행해야 할 이사의 업무집행범위를 결정하는 기준이 된다(상법 제385조, 제399조 및 제402조 참조).

또한 「부가가치세법」에 따른 재화나 용역을 공급하는 사업의 구분은 「부가가치세법 시행령」에 특별한 규정이 있는 경우를 제외하고는 통계청장이 고시하는 해당 과세기간 개시일 현재의 「한국표준산업분류」(통계청 고시 제2017-13호, 2017. 1. 13. 발령, 2017. 7. 1. 시행)에 따르므로, 한국표준산업분류에서 정하는 사업목적에 따라 주식회사에 부과되는 세금이 다를 수 있다(「부가가치세법 시행령」 제4조 제1항 참조).[24]

정관에 기재하는 사업의 목적, 즉 사업내용에 대해서는 신중하게 게재해야 한다. 가장 큰 이유로는 정관변경에 매번 시간과 비용이 소요된다는 점이다. 흔히 회사의 거래여신조사 등에서도 이 정관을 체크하기도 한다. 이를 위해 정관은 회사 내에서 내용이 변경될 경우 신속하게 변경하도록 규정되어 있다. 또 하나의 이유는 인가 및 허가와 관련이 있다. 예를 들어 음식점을 경영하기 위해서는 일정한 인·허가가 필요하고 건설업 등을 영위한다면 경우에 따라서는 건설업 허가 등 다양한 인·히가

---

[24] 또한 일정한 업종을 영위하는 창업 중소기업은 창업기반 조성을 위해 창업초기 단계의 기업에게 세액을 감면해주는 제도가 있다. 이른바 창업중소기업 등에 대한 감면제도가 그것이다. 이와 같은 기업에게는 5년간의 소득에 대한 법인세와 소득세의 50% 혹은 그 이상 감면해주고 있다(조세특례제한법 제6조 참조).
1. 창업중소기업의 경우: 다음 각 목의 구분에 따른 비율
가. 수도권과밀억제권역 외의 지역에서 창업한 대통령령으로 정하는 청년창업중소기업(이하 "청년창업중소기업"이라 한다)의 경우: 100분의 100
나. 수도권과밀억제권역에서 창업한 청년창업중소기업 및 수도권과밀억제권역 외의 지역에서 창업한 창업중소기업의 경우: 100분의 50
2. 창업보육센터사업자의 경우: 100분의 50

가 필요한 경우가 있다. 특히 술을 제공하는 유흥업소를 운영하는 경우에는 충분한 주의가 필요하다. 보통 음식물을 제공하는 사업을 운영할 때에는 음식점 허가가 필요하지만 주류를 제공할 때에는 음식업 허가 외에 경우에 따라서는 주류법에 관한 인·허가도 필요할 수 있다. 따라서 일반음식점 영업자가 주류만을 판매하거나 주로 다류를 조리·판매하는 다방형태의 영업을 하는 행위와 휴게음식점 영업자가 손님에게 음주를 허용하는 행위는 금지된다.[25]

장래에 착수하는 사업도 회사의 목적에 포함시킬 필요가 있다. 지금 단계에서 하지 않는 사업도 향후 회사의 주된 목적이 될 것이라는 것을 충분히 생각할 수 있다. 실제로 회사의 설립 초기에는 부수적인 사업이라고 생각했던 사업이 현재는 주된 사업이 되어 크게 성장한 회사도 많이 존재한다. 정관에 처음부터 착수할 장래사업을 포함시키는 방법이 있다. 이를 통해 정관변경의 위험을 어느 정도 피할 수 있고, 처음부터 들어가 있어야 각종 인·허가 및 사내 처리도 원활하게 할 수 있게 된다.

3) 본점의 소재지

주식회사의 정관에는 본점의 소재지를 반드시 기재하도록 되어 있다(상법 제289조 제1항).

회사의 본점은 회사의 영업을 총괄하는 장소를 말하며, 본점소재지가 회사의 주소가 된다(상법 제171조 참조). 또한 본점소재지는 회사가 받을 의사표시·통지의 수령지가 되며, 등기 및 각종 회사법상의 소에 있

---

25 식품위생법 시행규칙 [별표 17] 〈개정 2019. 6. 12.〉 식품접객업영업자 등의 준수사항(제 57조 관련) 7. 타 3), 4).

어서 관할의 표준이 되고(예: 상법 제328조 제2항 → 제186조), 주주총회의 소집지를 제약한다(상법 제364조). 그러므로 본점소재지는 국내에 있어야 하고, 단일해야 하며, 최소의 행정구획단위와 지번으로 특정되어야 한다.[26]

다만, 현재 실무상으로는 거의 모든 회사가 최소행정구역까지 정관에 기재하고 있다. 상업등기선례(상업등기선례 1-115, 1-137)가 인정하고 있기 때문에 등기관도 지번까지 특정할 것을 요구하는 경우는 거의 없다.

정관에 기재하는 본점소재지는 최소행정구역까지만 기재하면 되지만, 등기부에 등기할 본점소재지는 구체적인 소재지번까지 특정하여 결정해야 한다. 구체적인 본점소재지의 결정기관은 이사회 또는 사내이사(이사가 1명인 경우)·대표이사(이사가 2명인 경우)이다. 단, 설립 시에는 발기인회 또는 창립총회에서 결정할 수도 있다(상업등기선례 제1-137호).[27]

본점소재지는 독립된 행정구역(구획포함)으로서의 지번·동·호수 등이어야 하므로 당사자가 임의적으로 정한 건물명칭·호수 등은 등기사항이 아니다(상업등기선례 제1-136호). 실무상으로는 무슨 빌딩 몇 층 또는 몇 호 식의 임의적인 건물이름과 층·호수가 많이 등기되어 있다. 이는 형식적 심사권 밖에 없는 등기관으로서는 등기신청의 첨부서면으로 규정되어 있지 않은 건축물대장 등의 제출을 요구하여 해당 명칭 등이 행정구역인지 판단할 수 없기 때문에 당사자가 신청한 대로 등기를 수리

---

26   이철송,「회사법강의」(제30판)(박영사, 2022), 240면.

27   자본금이 5억 원 미만인 회사로서 이사가 1인인 주식회사설립 시 정관에 본점소재지로 최소행정구역만 기재되어 있는 경우, 1인 이사가 본점소재장소를 결정하지만, 창립총회 내지 발기인회는 최고 의사결정기관이므로 그 총회에서도 소재장소를 결의할 수 있다(2004. 3. 3. 공탁법인 3402-54 질의회답)[정관에 본점소재지로 최소행정구역만 기재되어 있는 경우 본점의 구체적 장소결정기관 (제정 2004. 3. 3. [상업등기선례 제1-137호, 시행])].

하기 때문이다.

4) 공고의 방법

상법에서 회사가 공고하는 방법을 정관의 절대적 기재사항으로 한 것은 주주, 회사채권자, 기타의 이해관계자로 하여금 사전에 공고방법을 인지하고 공고내용을 용이하게 알 수 있도록 한 것이다. 공고의 방법은 관보 또는 시사에 관한 사항을 게재하는 일간신문으로 하며, 정관으로 정하는 바에 따라 전자적 방법으로 할 수 있다(상법 제289조 제3항). '시사에 관한 사항을 게재하는 일간신문'이라 함은 일반적으로 일간지 또는 경제신문을 의미한다. 공고신문은 추상적이거나 선택적으로 지정해서는 안 되며 구체적으로 특정하여야 한다. 대개 회사들은 공고방법을 특정한 후 부득이하게 해당 매체에 공고가 불가능한 경우를 대비하여 대체방법을 추가적으로 정관에 기재하고 있다.

정관에 전자적 공고방법을 정한 경우에는 그 정관에 회사의 인터넷 홈페이지 주소를 구체적으로 기재해야 하며(상법 시행령 제6조 제2항), 전산장애 또는 그 밖의 부득이한 사유로 전자적 방법으로 공고할 수 없는 경우를 위하여 회사의 홈페이지 주소 외에도 보충적으로 공고할 일간신문을 반드시 기재하고(동조 제4항, 상법 제289조 제3항) 이를 등기하여야 한다.

2. 주식에 관한 규정

1) 회사가 발행할 주식의 총수

회사는 정관에 '회사가 발행할 주식의 총수(이하 발행예정주식총수라 한다)'를 기재하여 등기하여야 하며, 정관에서 정하는 발행예정주식총수의 범위 내에서만 이사회 결의로 신주발행이 가능하다(상법 제416조).

발행예정주식총수란 회사가 설립 시에 발행하는 주식의 총수(상법 제289조 제1항 제5호) 또는 회사가 현재 발행하고 있는 주식의 총수(발행주식총수)와 달리 회사가 앞으로 발행을 예정한 주식의 총수를 말하며, 회사는 발행예정주식총수에서 기발행주식총수를 제외한 만큼 향후 발행이 가능하며 이를 발행가능주식총수라 한다(발행가능주식총수 = 발행예정주식총수 - 발행주식총수).[28]

발행예정주식총수를 정해 두는 이유는 크게 두 가지를 생각할 수 있다. 하나는 신속한 자금조달을 위한 것이다. 자금조달의 방법으로 주식을 발행하는 경우 각 주주의 지분율에 변화가 있을 수 있는데, 이는 회사에 매우 중요한 문제이다. 이를 위해 원래대로라면 회사의 최고 의사결정기관인 주주총회의 결의에 의하여야 하나, 주주총회의 개최에 시간이 걸리고 시급한 자금조달의 경우에는 제시간에 개최하기 어렵다. 그래서 발행예정주식총수를 미리 정해 두는 것에 의해서 주식발행의 권한을 이사회에 주어 신속한 자금조달을 가능하게 하고 있다.

둘째, 이사의 권리남용 방지를 위한 것이다. 자금조달을 빨리 하고

---

28 이서연, "발행 예정주식총수의 산정방법", 「상장」 2011년 5월호(한국상장회사협의회, 2011), 100면.

싶다면 상한선을 정하지 않고 이사회에 주식발행 권한을 주면 되지만, 이 경우에는 다른 문제가 발생한다. 만약 이사가 끊임없이 주식을 발행하게 되면 기존 주주의 지분율이 크게 낮아져 기존 주주가 큰 불이익을 받게 된다. 따라서 발행예정주식총수를 설정하고 이사의 주식발행 권한을 제한해야 한다.

그럼 어떻게 발행가능주식총수를 결정하면 좋을지를 생각하여 보자. 만약 설립 후에 자꾸자꾸 주식을 발행한다고 하면 기발행주식총수의 100배나 1,000배로 하는 것도 가능하다. 반대로 일체 주식을 발행하지 않는다고 하면 기발행주식총수와 같은 수로 할 수 있다. 통상은 장래 예정하고 있는 증자의 금액이 명확하면 거기에 맞추어 결정하도록 한다. 명확하지 않다면 회사설립 시에 발행하는 주식총수의 10배 정도로 하는 것이 일반적이다.

2) 1주의 금액

회사가 발행하는 주식은 정관의 정함에 따라 전부 액면주식으로 하거나 또는 무액면주식으로 할 수 있다(상법 제329조 제1항).[29] 액면주식의 액면가는 균일하여야 하는데(동조 제2항), 액면주식 1주의 금액은 100원 이상으로 하여야 한다(동조 제3항).[30] 1주의 금액은 액면금액 또는 권면액

---

29 회사는 정관으로 정하는 바에 따라 발행된 액면주식을 무액면주식으로 전환하거나 무액면 주식을 액면주식으로 전환할 수 있다(상법 제329조 제4항).

30 1주당 100원의 액면주식을 발행한 경우 100원은 회사의 자본금이 된다. 반면 1주당 100원 의 액면주식을 150원에 발행했다면, 100원은 자본금으로 하고, 50원은 자본준비금으로 계 상한다(상법 제459조 제1항).

이라고도 하며 반드시 정관에 기재하여야 한다.[31]

3) 회사설립 시에 발행하는 주식의 총수

회사설립 시에 발행하는 주식의 총수란 회사설립 시에 발행하는 주식의 수를 말한다. 설립 시에 발행하는 주식의 총수는 자본금과 1주의 금액이 정해져 있으면 자동적으로 결정된다. 즉, 설립 시 발행주식총수 = 자본금의 금액 ÷ 1주의 금액이다. 예를 들어 자본금을 5,000만 원, 1주의 금액을 5,000원이라고 하면, 5,000만 원(자본금의 금액) ÷ 5,000원(1주의 금액) = 10,000주이다. 따라서 설립 시에 발행하는 주식의 수는 「10,000주」가 된다.

회사의 자본금액과 1주의 금액에서 설립 시에 발행하는 주식의 총수를 산출할 수 있다.

4) 기명주식·무기명주식 및 주권의 종류

주주의 성명과 주소 등이 주권과 주주명부(문서형태 또는 전자문서형태로 가능하다. 전자문서의 경우에는 주주의 전자우편주소도 기재하여야 한다. 상법 제352조의2 제2항)에 표시되는 주식이 기명주식이고 그렇지 않은 주식이 무기명주식이다.

기명주식을 표창하는 주권이 기명주권이고 무기명주식을 표창하는 주권이 무기명주권이다. 회사는 성립 후 또는 신주납입기일 후 지체 없

---

31   이형규, 전게서, 69면.

이 주주권을 표창하는 유가증권인 주권을 발행해야 하는데(상법 제355조 제1항), 이를 위반하여 발행한 주권은 무효이다(동조 제2항).

주권에는 일정한 사항[32]과 번호를 기재하고 대표이사가 기명날인 또는 서명하여야 한다(상법 제356조). 회사의 주권은 정관의 규정에 따라 정하는데, 일반적으로 1주권, 5주권, 10주권, 50주권, 100주권, 500주권, 1,000주권 및 10,000주권의 여덟 종류를 두는 경우가 많다.

5) 주권의 불소지제도

주권불소지제도란 주주가 정관에 다른 정함이 없는 한, 기명주식에 대하여 주권을 소지하지 아니하겠다는 뜻을 회사에 신고할 경우 회사는 신고된 주권을 발행하지 아니하는 제도를 말한다(상법 제356조의2). 기명 주식의 양도는 주권의 교부만으로 할 수 있다(상법 제336조 제1항). 주권의 점유자는 적법한 소지인으로 추정되고(상법 제336조 제2항), 주권의 선의 취득이 인정된다(상법 제359조). 이에 따라 기명주식의 유통은 적절히 보호되지만 그 반면에 일단 주권을 상실하면 제3자의 선의취득이 용이하게 되어 주주의 지위를 상실할 위험성도 증대된다. 한편, 기명주식의 주주는 명의개서를 하여 주주명부에 자기명의를 기재해두면 주권이 없어도 주주의 권리를 행사할 수 있다. 그러므로 당장 주식을 처분할 의사가

---

32   1. 회사의 상호
　　　2. 회사의 성립연월일
　　　3. 회사가 발행할 주식의 총수
　　　4. 액면주식을 발행하는 경우 1주의 금액
　　　5. 회사의 성립후 발행된 주식에 관하여는 그 발행연월일
　　　6. 종류주식이 있는 경우에는 그 주식의 종류와 내용
　　　6의2. 주식의 양도에 관하여 이사회의 승인을 얻도록 정한 때에는 그 규정

없는 주주로서는 주권을 소지하지 않는 편이 좋다고 할 수 있다.

주권불소지제도

Q 갑은 비상장회사인 A 주식회사의 주주로서 주권을 실물로 소지하고 있습니다. 갑은 주권의 보관에 부담을 느껴 이를 소지하지 않기를 원하고 있습니다. A 주식회사의 정관에는 주권불소지의 신고에 관하여 아무런 규정을 두고 있지 않고, 갑은 위 주식에 질권을 설정한 바가 없습니다. 갑이 주권불소지의 신고를 하려면 주권을 A 주식회사에 제출하여야 하고, A 주식회사는 제출받은 주권을 무효로 하거나 명의개서대리인에게 임치하여야 하나요?

A 그렇습니다. 상법 제358조의2 제1항 및 제3항은 주권불소지제도에 관하여 다음과 같이 규정하고 있습니다.

　　제358조의2(주권의 불소지) ① 주주는 정관에 다른 정함이 있는 경우를 제외하고는 그 주식에 대하여 주권의 소지를 하지 아니하겠다는 뜻을 회사에 신고할 수 있다.

　　③ 제1항의 경우 이미 발행된 주권이 있는 때에는 이를 회사에 제출하여야 하며, 회사는 제출된 주권을 무효로 하거나 명의개서대리인에게 임치하여야 한다.

주권불소지제도는 투자자가 주권의 장기 보유에 따른 도난이나 분실을 방지하는 장점이 있다. 또한 발행회사의 경우에도 주권의 발행에 따르는 경비를 절감하고, 사무를 간소화할 수 있는 이점이 있다.

실무상 상장주식의 경우 주권은 한국예탁원에 임치되고 주식은 통장에 의해 이전되고 있다. 이러한 통장에의 이전을 주권의 교부로 의제하고, 통장에 주권을 갖고 있는 경우 주권 소지로 의제하고 있다.

6) 주식의 명의개서

(1) 의의

주식의 명의개서(名義改書)란 권리자의 변경에 따라 장부 또는 증권의 명의인의 표시를 고쳐 쓰는 행동을 말한다. 기명증권의 권리이전의 사실을 공시하여 제3자에게 대항할 수 있도록 하기 위해 이루어진다.

주식의 양도는 원칙적으로 자유이고(상법 제335조 제1항 본문), 주식을 양도하기 위해서는 주권을 교부하여야 한다(상법 제336조 제1항). 그러나 양수인이 회사에 권리를 행사하기 위해서는 명의개서를 해야만 한다(상법 제337조 제1항).

주식회사에 있어서 주주명부에는 주주의 성명과 주소, 각 주주가 가진 주식의 종류와 그 수, 주권의 번호, 각 주식의 취득연월일을 기재하는데(상법 제352조 제1항 제1~3호), 주식의 이전으로 주주가 교체되었을 경우 그 취득자를 주주명부에 주주로 기재하는 것을 명의개서라고 한다. 주식의 이전은 명의개서를 하지 아니하면 다시 말해, 취득자의 성명과 주소를 주주명부에 기재하지 아니하면 회사에 대항하지 못한다(상법 제337조 제1항). 주식의 명의개서제도는 주주와 회사의 권리관계를 안정적으로 유지 · 관리하기 위한 취지에서 둔 제도이다.[33]

(2) 명의개서의 효력

① 주주자격의 추정력

주주명부에 주주로 기재된 자는 적법한 주주로 추정되어 회사에 대

---

33   이철송, 전게서, 371면.

해 자신이 실질적 권리자임을 증명하지 않더라도 주주로서의 권리를 행사할 수 있다. 이것은 명의개서에 자격수여적 효력이 있기 때문인데, 통설과 판례[34]는 명의개서가 부여하는 자격은 주주로서의 추정력일 뿐 주주지위를 성립시키는 창설적 효력은 아니라는 입장이다. 일부 견해는 명의개서의 창설적 효력을 인정하기도 하지만, 명의개서는 주식양도의 대항요건일 뿐이고 주주자격은 주식양도계약 또는 주식인수계약에 의해 주어지는 것이기 때문에 명의개서에 창설적 효력을 인정하는 것은 타당하지 않다.[35]

② 회사에 대한 대항력

주식의 양도는 취득자의 성명과 주소를 주주명부에 기재하여야만 회사에 대항할 수 있다(상법 제337조 제1항). 다시 말해, 주식의 취득자는 명의개서를 함으로써 회사에 대하여 주주권을 행사할 수 있다.

양수인은 양도인과 주식양도에 합의하고 주권을 교부받으면 주주가 되지만, 회사에 주주권을 행사하기 위해서는 단체법적 법률관계의 명확성을 위해 명의개서를 해야 한다고 상법이 규정한 것이다. 따라서 회

---

34 주주명부에 기재된 명의상의 주주는 회사에 대한 관계에 자신의 실질적 권리를 증명하지 않아도 주주의 권리를 행사할 수 있는 자격수여적 효력을 인정받을 뿐이지 주주명부의 기재에 의하여 창설적 효력을 인정받는 것은 아니므로, 실질상 주식을 취득하지 못한 사람이 명의개서를 받았다고 하여 주주의 권리를 행사할 수 있는 것이 아니다. 따라서 주권발행 전 주식의 이중양도가 문제되는 경우, 그 이중양수인 중 일부에 대하여 이미 명의개서가 경료되었는지 여부를 불문하고 누가 우선순위자로서 권리취득자인지를 가려야 하고, 이때 이중양수인 상호 간의 우열은 지명채권 이중양도의 경우에 준하여 확정일자 있는 양도통지가 회사에 도달한 일시 또는 확정일자 있는 승낙의 일시의 선후에 의하여 결정하는 것이 원칙이다(대법원 2006. 9. 14. 선고 2005다45537 판결).

35 김택주, "주주명부 기재의 효력", 「상사판례연구」 제30집 제4권(한국상사판례학회, 2017), 98면; 조지현, "명의개서의 법적 효력", 「강원법학」 55Œ(ÐYP DP · YðlŒ, 2018), 501t.

사는 설령 진정한 주주가 아닌 명의대여자일 뿐이라도 주주명부에 주주로 기재된 자의 권리행사를 거절할 수 없고, 명의개서 하지 않은 실질주주의 권리행사는 거절해야 한다.[36] 2017년 대법원 전원합의체판결[37]은 명의개서를 하지 않은 실질주주는 회사에 주주권을 행사할 수도 없고 회사도 이 자를 주주로 인정할 수 없다는 견해에 따라 명의개서에 회사에 대한 대항력을 넘어 확정력을 부여하고 있다. 그러나 명의개서된 자가 무권리자임이 밝혀진다면 그간의 주주권행사는 소급해서 효력을 잃는다고 할 것이다.[38]

③ 회사를 위한 면책력

주주명부에 기재된 자는 주주로 추정되고[39] 회사에 주주권을 행사할 수 있기 때문에 회사도 주주명부에 기재된 자를 주주로 인정하여 배당금청구권, 의결권, 신주인수권 등의 권리를 인정하면 설사 그가 진정한 권리자가 아니더라도 면책된다(면책적 효력). 주주 측면에서 파악한 명의개서의 추정력과 대항력을 회사 측면에서 파악한 것이라고 볼 수 있다. 주주나 질권자에 대한 회사의 통지는 주주명부에 기재한 주소로 하면 된다는 상법 제353조 제1항 규정도 명의개서의 면책적 효력을 나타

---

36 기명주식이 양도된 후 주식회사의 주주명부상 양수인 명의로 명의개서가 이미 이루어졌다면, 그 후 그 주식양도약정이 해제되거나 취소되었다 하더라도 주주명부상의 주주 명의를 원래의 양도인 명의로 복구하지 않는 한 양도인은 주식회사에 대한 관계에 있어서는 주주총회에서 의결권을 행사하기 위하여 주주로서 대항할 수 없다(대법원 2002. 12. 24. 선고 2000다69927 판결).

37 대법원 2017. 3. 23. 선고 2015다248342 전원합의체판결.

38 이철송, 전게서, 373면 참조.

39 주주명부에 주주로 등재되어 있는 이는 그 회사의 주주로 추정되며 이를 번복하기 위하여는 그 주주권을 부인하는 측에 입증책임이 있다(대법원 2010. 3. 11. 선고 2007다51505 판결).

낸 것으로 볼 수 있다.

명의개서의 면책적 효력[40]

Q 주식회사가 주주명부상의 주주가 형식주주에 불과하다는 것을 중대한 과실로 알지 못하였고 또한 이를 용이하게 증명하여 의결권 행사를 거절할 수 있었음에도 의결권 행사를 용인한 경우에는 그 의결권 행사는 위법하게 되나요?

A 그렇습니다.
주식회사가 주주명부상의 주주에게 주주총회의 소집을 통지하고 그 주주로 하여금 의결권을 행사하게 하면, 그 주주가 단순히 명의만을 대여한 이른바 형식주주에 불과하여도 그 의결권 행사는 적법하지만, 주식회사가 주주명부상의 주주가 형식주주에 불과하다는 것을 알았거나 중대한 과실로 알지 못하였고 또한 이를 용이하게 증명하여 의결권 행사를 거절할 수 있었음에도 의결권 행사를 용인하거나 의결권을 행사하게 한 경우에는 그 의결권 행사는 위법하게 됩니다(대법원 1998. 9. 8. 선고 96다45818 판결 참조).

종래 대법원은, 명의차용인이 타인의 명의로 주식을 인수하고 그 대금을 납입한 뒤 그 타인의 명의로 주주명부에 명의개서를 한 사안에서, ① 주식을 취득한 자가 명의개서를 하지 아니하였더라도 회사가 이러한 실질상의 주주를 주주로 인정하는 것은 무방하며, 나아가 ② 회사가 주주명부상 주주가 형식주주에 불과하다는 것을 알았거나 중대한 과실로 알지 못하였고 또한 이를 용이하게 증명하여 의결권 행사를 거절할 수 있었음에도 의결권 행사를 용인한 경우 그 의결권 행사는 위법하다는 입장을 취하고 있었다.[41] 그러나 2017년의 대법원 전원합의체판결은 명의

---

40 법률메카, "명의개서의 면책적 효력", 2018. 8. 10.
41 문호준/장문일/박효송, "대법원, "주주권을 행사할 수 있는 자는 원칙적으로 주주명부상의 주주", "별도의 임용계약 없더라도 주주총회에서 선임된 자는 이사 및 감사로서의 지

개서에 회사에 대한 확정력을 부여하였고 그 결과 회사가 명의개서를 부당하게 지연하거나 거절한 예외적인 경우를 제외하고는 주주명부에 기재된 자를 주주로 취급한 회사는 그 자가 진정한 주주가 아니라 하더라도 항상 면책된다고 하였다.[42] 명의개서에 확정력을 인정하면 명의개서의 면책력은 예외적으로 면책되지 않는 경우라는 제한적인 범위에서만 의미를 갖게 된다.[43]

2017년 대법원 전원합의체판결은, 주주명부에 관한 상법 규정은 주주권을 행사할 자를 획일적으로 확정하기 위한 것이므로 주주명부상의 주주만이 회사에 대한 관계에서 주주권을 행사할 수 있고, 따라서 회사가 주주명부에 기재된 자의 주주권 행사를 부인하거나, 반대로 주주명부에 기재되지 아니한 자의 주주권 행사를 인정할 수 없다고 본 것이다.[44]

이와 같이 주주와 회사 사이의 법률관계를 획일적으로 처리할 수 있게 되었다는 점에서 본 대법원 판결은 중요한 의미를 가진다. 앞으로 기업의 실무에 있어서 주주총회 소집, 결의, 기타 주주를 대상으로 하는 각종 회사법상의 절차를 진행하는 경우 2017년 대법원 전원합의체판결의 취지에 따라야 할 것이다.

위 취득'", 「Newaletter」 2017년 3월호(법무법인 광장, 2017), 〈http://leeko.com/data2/publication/Newsletter%20-%20March%202017(1).htm〉.

42 대법원 2017.3.23. 선고 2015다248342 전원합의체판결.

43 김택주, 전계논문, 98면; 조지현, 전계논문, 502면.

44 문호준/장문일/박효송, 전계 "대법원, "주주권을 행사할 수 있는 자는 원칙적으로 주주명부상의 주주"".

실질주주와 형식주주 중 주주권을 행사할 자

Q A는 B의 승낙을 얻어 B 명의로 C 회사가 발행한 주식을 매수하고 그 주식대금을 부담하였습니다. B가 C를 상대로 주주총회결의 취소의 소를 제기하자 C는 B가 형식주주에 불과하므로 주주총회결의 취소의 소를 제기할 수 없다고 항변하고 있습니다. 형식주주인 B는 주주총회결의 취소의 소를 제기할 수 없는지요?

A 제기할 수 있습니다.

대법원은 명의차용인이 타인의 명의를 빌려 회사의 주식을 인수하고 그 대금을 납입한 경우, 실질주주와 형식주주 중 회사와의 관계에서 주주권을 행사할 자를 누구로 볼 것인지에 대해 기존 판결들을 변경하였습니다(대법원 2017. 3. 23. 선고 2015다248342 전원합의체 판결).

　대법원은 "특별한 사정이 없는 한, 주주명부에 적법하게 주주로 기재되어 있는 자는 회사에 대한 관계에서 그 주식에 관한 의결권 등 주주권을 행사할 수 있고, 회사 역시 주주명부상 주주 외에 실제 주식을 인수하거나 양수하고자 하였던 자가 따로 존재한다는 사실을 알았든 몰랐든 간에 주주명부상 주주의 주주권 행사를 부인할 수 없으며, 주주명부에 기재를 마치지 아니한 자의 주주권 행사를 인정할 수도 없다"고 하였습니다. 대법원에 의하면, "주주명부에 기재를 마치지 않고도 회사에 대한 관계에서 주주권을 행사할 수 있는 경우는 주주명부에의 기재 또는 명의개서청구가 부당하게 지연되거나 거절되었다는 등의 극히 예외적인 사정이 인정되는 경우에 한한다"는 것입니다.

7) 질권의 등록과 신탁재산의 표시

　질권의 등록 및 신탁재산의 표시는 정관의 임의적 기재사항이다. 주식회사의 주주는 주식에 질권을 설정할 수 있다. 주식을 질권의 목적으로 하는 때에는 주권을 질권자에게 교부하여야 한다(상법 제338조 제1항). 다만, 주식을 등록질하기 위하여는 회사가 질권설정자의 청구에 따라 그 성명과 주소를 주주명부에 덧붙여 쓰고 그 성명을 주권(株券)에 기재해야 한다. 이 경우 질권자는 회사로부터 이익배당, 잔여재산의 분배 또는 제339조에 따른 금전의 지급을 받아 다른 채권자에 우선하여 자기채권의 변제에 충당할 수 있다(상법 제340조 제1항). 또한 등록질의 질권자는 주식의 소각, 병합, 분할 또는 전환이 있을 시 회사에 대하여 주식에 대한 주권의 교부를 청구할 수 있다(동조 제3항).

8) 명의개서대리인

주식의 명의개서는 발행회사의 본점에서 하는 것이 원칙이지만 기업공개 등으로 점차 주주가 많아지고 주권발행 등의 주식 사무량이 방대해지면 관리 절차가 복잡해지고, 관리비용도 많이 들게 된다. 이에 상법은 주식사무를 합리적이고 효율적으로 처리하고 회사와 주주에게 편의를 제공하고자 전문기관을 둘 수 있도록 하고 있다. 상법 제337조 제2항에서는 회사의 명의개서를 제3자로 하여금 담당시킬 수 있게 하였으며 명의개서 업무를 대행하는 자를 명의개서대리인이라고 한다.[45] 명의개서대리인은 명의개서뿐만 아니라 회사의 주식 및 사채에 관련된 일련의 업

---

[45] 명의개서대리인제도는 미국의 Transfer Agent에서 유래한다. 1850년 미국의 NEW YORK & New Haven 철도회사의 주권위조사건을 계기로 주식발행의 공정성을 확보하기 위해 공신력 있는 신탁회사를 명의개서대리인으로 선임한 것이 이 제도의 효시이다. 넓은 국토와 다양한 주주, 상이한 주법(州法)을 가지고 있는 미국에서는 주주에 대한 편의제공과 주식업무의 효율적인 처리를 목적으로 1920년대에 이미 명의개서대리인제도가 보편화되었다. 일본의 경우는 미국에 비해 1세기 늦은 1950년 상법 개정 시에 명의개서대리인제도를 채택·도입했으며, 1954년 노무라증권이 미쓰이조선의 명의개서업무를 대행함으로써 이 제도의 시행이 본격화되었다.
우리나라에서 명의개서대리인제도가 최초로 도입된 것은 1972년 12월 제1차 자본시장육성에 관한 법률의 개정에 의해서다[유춘화, "명의개서의 법적구조에 관한 연구", 「증권예탁」(증권예탁원, 2004), 44면].

무, 예컨대 증권발행 업무와 배당금 지급업무 등을 대행한다.

비공개 주식회사의 경우, 주주는 경영자나 그 친족, 근친자인 경우가 많고, 또 그만큼 빈번하게 주식양도가 이루어지는 것도 아니다. 그러다 보니 주주명부에 대한 사무 작업도 자주 생기는 것이 아니기 때문에 명의개서대리인을 두지 않고 자사 내에서 사무 작업을 하는 곳도 많이 있다. 특히 중소 영세기업 등, 상장을 고려하고 있지 않은 회사의 경우 주식이 양도되는 것 자체가 드문 일이기 때문에 주주명부도 몇 년 동안 동일한 경우가 많아 명의개서대리인을 정할 필요조차 없는 곳도 많이 있다. 다만, 상장을 고려한다면 명의개서대리인을 포함해서 정관을 정비해 나가는 것부터 시작해야 할 것이다. 특히 주식을 한국거래소에 상장하고자 하는 법인은 반드시 명의개서대리인을 선임하여야 한다(유가증권 상장 규정 제32조 제1항 제15호).[46]

명의개서대리인은 주식을 발행한 회사를 대신해서 증권 관련 사무를 대행하고 있는 회사이다. 명의개서대리인은 주식 배면의 명의를 바꾸는 것을 대신해주는 것뿐 아니라 증권발행업무와 배당금 지급업무 등 여러 가지를 처리해주고 있다. 명의개서대리인은 법으로 등록요건이 정해져 있어 일정한 요건을 갖춘 자만이 될 수 있다. 또한 명의개서대리인은 명의개서 등을 하는 회사의 이행보조자로서 일정한 선관주의의무를 부담하므로 만약, 업무처리상 부주의가 있는 경우에는 그에 대하여 피해를 입은 자에게 손해배상책임을 져야 한다. 명의개서대리인은 그 업무를 공

---

[46] 예컨대, 신규상장의 경우 상장예비심사 신청 서류의 하나로서 명의개서대행회사(명의개서대리인)와 증권의 명의개서업무 등에 관한 대행계약(명의개서대행계약)을 체결한 계약서 사본을 요구하고 있다(유가증권시장 상장규정 시행세칙 [별표 1] 상장예비심사 신청 서류, 1. 가. 7).

정하게 처리하여야 한다.[47]

9) 주권의 재발행

주권이 상실된 경우 공시최고의 신청인이 공시최고절차를 밟아서 제권판결(除權判決)을 얻어 이 판결의 정본 또는 등본을 회사에 제출하여 주권을 다시 발행받는 것을 말한다. 주권이 도난당하거나, 분실되거나, 또는 찢어져서 어떤 주권인가가 불명하게 된 경우 주권의 소지자는 「민사소송법」 제475조 이하의 규정에 따라 공시최고(公示催告)절차를 밟을 수 있다. 이 절차는 그 주권을 가지고 있는 자가 있으면 일정한 기간 내에 법원에 신고하도록 공고를 하고, 신고가 없으면 그 주권을 무효로 하는 판결을 내린다(상법 제360조 제1항).[48] 이 판결을 제권판결이라고 한다. 제권판결이 내려진 때에는 신청인은 증권 또는 증서에 따라 의무를 지는 사람에게 증권 또는 증서에 따른 권리를 주장할 수 있다(민사소송법 제497조). 제권판결을 내리면 공시최고의 신청인은 이 판결의 정본 또는 등본을 회사에 제출하여 주권의 재발행을 청구할 수 있다(동조 제2항). 제권판결을 얻지 않는 한 재발행의 청구는 할 수 없으나 주권의 일부가 찢어진 경우에는 주주의 번호, 주주의 성명 등이 다른 주권과 분별이 되는 한 신주권

---

47   상장회사가 대폭 증가함에 따라 한국증권대체결제회사에서 하던 명의개서대행업무를 한국예탁결제원, 하나은행, 국민은행에서도 할 수 있도록 하였다.

48   상법 제360조 제1항은 "주권은 공시최고의 절차에 의하여 이를 무효로 할 수 있다"라고 정하고, 같은 조 제2항은 "주권을 상실한 자는 제권판결을 얻지 아니하면 회사에 대하여 주권의 재발행을 청구하지 못한다"라고 정하고 있다. 이는 주권은 주식을 표창하는 유가증권이므로 기존의 주권을 무효로 하지 아니하고는 동일한 주식을 표창하는 다른 주권을 발행할 수 없다는 의미로서, 위 규정에 반하여 제권판결 없이 재발행된 주권은 무효라고 할 것이다(대법원 2013. 12. 12. 선고 2011다112247, 112254 판결).

과 교환받을 수 있다.

증권이나 증서의 무효를 선고한 제권판결의 효력은 공시최고 신청인에게 그 증권 또는 증서를 소지하고 있는 것과 동일한 지위를 회복시키는 것에 그치고 공시최고 신청인이 실질적인 권리자임을 확정하는 것은 아니다. 따라서 증권이나 증서의 정당한 권리자는 제권판결이 있더라도 실질적 권리를 상실하지 아니하고, 다만 제권판결로 인하여 그 증권 또는 증서가 무효로 되었으므로 그 증권 또는 증서에 따른 권리를 행사할 수 없게 될 뿐이다.[49] 그리고 민사소송법 제490조, 제491조에 따라 제권판결에 대한 불복의 소가 제기되어 제권판결을 취소하는 판결이 확정

공시최고 신청 사례

Q   아침에 출근하는 도중 은행에 입금하려고 가지고 있던 회사의 어음·수표를 분실했습니다. 당장 어떻게 해야 할까요?

A   어음·수표를 분실하거나 도난당한 경우 소지인은 먼저 경찰서에 분실·도난 신고를 하고 발행인 및 은행에 그 사실을 알림과 동시에 지급위탁을 취소해 지급정지를 시켜야 합니다.

그 후 새로운 취득자와 합의를 보거나 법원에 공시최고절차에 의한 어음·수표의 제권판결을 받으면 됩니다. 제권판결이 있으면 분실·도난당한 어음과 수표는 무효가 되며 제권판결 신청인은 어음이나 수표가 없어도 위 판결문으로 권리를 행사해 돈을 지급받을 수 있습니다.

어음·수표가 훼손되거나 불에 타는 등 멸실된 경우에도 제권판결을 받아 권리를 행사할 수 있습니다.

〈어음·수표 사고 시의 조치, 대한법률구조공단〉

---

49   대법원 2013. 12. 12. 선고 2011다112247, 112254 판결.

되면 제권판결은 소급하여 효력을 잃고 정당한 권리자가 소지하고 있던 증권 또는 증서도 소급하여 그 효력을 회복하게 된다.[50] 기존 주권을 무효로 하는 제권판결에 기하여 주권이 재발행되었다고 하더라도 제권판결에 대한 불복의 소가 제기되어 제권판결을 취소하는 판결이 선고 · 확정되면, 재발행된 주권은 소급하여 무효로 되고, 그 소지인이 그 후 이를 선의취득할 수 없다고 할 것이다.[51]

〈공시최고신청서 양식〉[52]

공시최고신청서

수입인지 1000원

신청인 ○○○(이름) (주민등록번호   -   )
          (주소) (연락처)

증서의 표시 별지 목록 기재와 같음

신청취지

별지 목록 기재 증서에 관하여 공시최고 및 제권판결을 구함

신청이유

신청인은 별지 목록 기재 증서의 최후소지인으로서 20○○. ○○. ○○. ○○:○○경 ○○에서 분실하여 현재까지 회수하지 못하고 있으므로 공시최고 및 제권판결을 하여 주시기 바랍니다.

---

50 대법원 2013. 12. 12. 선고 2011다112247, 112254 판결.

51 대법원 2013. 12. 12. 선고 2011다112247, 112254 판결.

52 김성훈, "[법률서식] 공시최고 신청서 양식", 2019. 1. 7. 〈https://rlaw.tistory.com/213〉.

소명방법

1. 분실공고 1통
2.

20○○. ○○. ○○.

신청인 ○ ○ ○ (날인 또는 서명)

○○지방법원 귀중

유의사항

1. 신청인은 기명날인에 갈음하여 서명을 하여도 되며, 연락처에는 언제든지 연락 가능한 전화번호나 휴대전화번호(팩스번호, 이메일 주소 등도 포함)를 기재하시기 바랍니다.

2. 신청인은 증서를 표시하기 위하여 목록을 별도로 작성하여 첨부하는 대신에 해당 금융기관 등에서 발행한 미지급증명서, 미제시증명서, 미상환증명서 등의 증명서 6통을 제출할 수 있습니다.

3. 이 신청서를 접수할 때에는 3회분의 송달료를 송달료수납은행에 예납하여야 합니다. 다만, 송달료수납은행이 지정되지 아니한 시·군법원에 접수할 때에는 송달료를 우표로 예납하여야 합니다.

증서의 표시(예시)

종류	자기앞수표
번호	나2331689
액면	금 5,000,000원
발행일	20○○. 3. 2.
발행인	○○은행 ○○지점

10) 주주·등록질권자의 성명·주소 및 인감의 신고

주주 · 등록질권자의 주소와 성명은 주주명부의 기재사항이므로(상법 제352조 제1항, 제340조) 당연히 회사에 신고하여야 한다. 인감의 신고는 명의개서에 관하여는 필요 없고, 의결권대리행사의 위임장이나 배당금지급증 등에 관하여도 사실상 인감대조가 곤란한 일이지만, 주소변경, 기타의 개별적 권리행사에 관하여는 본인임을 확인하는 방법으로서 상당히 중요한 의미를 갖는다.[53]

11) 주주명부의 폐쇄와 기준일

(1) 의의

주식회사의 주식은 자유로이 유통되므로 주주명부상의 주주가 수시로 변동된다. 주주총회에서 의결권을 행사하거나 이익배당을 받는 등 주주나 질권자로서 권리를 행사할 일이 생겼을 때 누가 주주 또는 질권자로서 권리를 행사할 것인지를 특정할 필요가 생기게 된다. 이를 위한 제도가 바로 주주명부의 폐쇄와 기준일제도이다.

이익배당을 받을 주주나 주주총회에 참석하여 의결권을 행사할 주주를 확정하기 위해서 시기적으로 주주들을 확정할 수 있는 절차가 필요하게 된다. 이를 위한 방법으로서 상법에서 인정하고 있는 것이 일정기간 동안 주주명부에 권리변동의 기재를 금지하는 주주명부의 폐쇄와 일정한 날의 주주를 그 이후의 변동에도 불구하고 주주권을 행사할 자로

53　이형규, 전게서, 75면.

확정하는 기준일이 있다(상법 제354조 제1항).[54]

흔히 회사 정관에 '영업년도 말일 다음 날부터 정기주주총회일까지 주주명부를 폐쇄한다'는 규정을 두기도 하는데, 정관에 이런 규정을 두었다면 반드시 지켜야 한다.[55]

(2) 주주명부의 폐쇄

주주명부의 폐쇄에 관한 예를 들면, 어느 회사가 2021년 2월 25일에 정기주주총회를 하면서 2021년 1월 1일부터 같은 해 2월 25일까지 주주명부를 폐쇄한 경우, 폐쇄기간 전에 주주이던 갑이 2021년 1월 5일에 을에게 주식을 양도하면 주주총회 당일 실제 주주는 을이더라도 주주명부상으로는 갑이 주주이므로 갑이 주주권을 행사할 수 있게 된다.

주주명부의 폐쇄기간은 3개월을 초과하지 못하며(상법 제354조 제2항), 그 2주간 전에 공고하여야 하는데, 정관에 기간을 명확하게 정한 경우에는 따로 공고할 필요는 없다(상법 제354조 제4항).

주주명부 폐쇄는 명문의 규정은 없으나 정관에 정해진 경우 외에는 이사회에서 결의를 한다.

(3) 기준일

기준일에 관하여 예를 들면 '2020년 사업년도의 배당금 지급은 2020년 12월 31일 17시 현재의 주주로 한다'라고 정할 수 있다.

기준일은 주주 또는 질권자로서 권리를 행사할 날에 앞선 3월 내의

---

54 김춘, "주주명부의 이중폐쇄", 「상장」 2006년 1월호(한국상장회사협의회, 2016), 105면.

55 정기주총 외에 임시주총의 경우는 임의적 규정 - '폐쇄할 수 있다'는 등으로 하는 경우가 많다.

날로 정하여야 하고(상법 제354조 제3항) 그 2주간 전에 공고하여야 하며, 정관에 기준일을 정한 경우에는 따로 공고할 필요는 없다(상법 제354조 제4항).

기준일을 정하는 것 역시 주주명부 폐쇄와 같이 이사회의 결의를 요한다.

(4) 양자의 병용

실무에서는 양자를 같이 사용하는 경우가 많은데, 예컨대, 12월 말 결산법인인 경우 정기주총을 다음 해 2월 25일에 열면서 3월 25일에 배당금을 지급하는 경우, 주주명부폐쇄는 1월 1일부터 정기주총 종료일까지 하고, 배당금 지급은 2월 25일(기준일) 현재의 주주에게 지급한다고 하면 정기주총에서 의결권을 갖는 주주와 배당금을 수령하는 주주가 일치하게 된다.[56]

12) 신주인수권

신주인수권이란 회사가 성립한 후 신주를 발행하는 경우에 우선적으로 그 신주를 인수할 수 있는 권리를 말한다. 주주는 그가 가진 주식수에 따라서 우선적으로 신주의 배정을 받을 권리가 있다(상법 제418조 제1항). 다만, 정관에 정하는 바에 따라 주주 이외의 제3자에게 신주인수권을 부여할 수 있다(동조 제2항). 주주 이외의 자에게 신주를 배정하기 위해서는 배정이유와 함께 제3자는 특정인이거나, 어느 정도 특정되어야 하며(상법 제420조 제5호), 발행할 신주의 한도와 중요한 사항이 규정되어

---

56 관리자, "주식회사에서 주주명부 폐쇄와 기준일 제도", 새한법무사합동사무소, 2010. 3. 22.

야 한다. 이사회에게 전권을 맡기는 것은 허용되지 않는다. 즉, 정관에 규정하여야 할 사항은 주주의 입장에서 회사가 어떤 목적(또는 사유)으로 누구에게 몇 주를 발행할 수 있는지를 예측할 수 있도록 배정목적(또는 사유), 배정대상 그리고 발행한도가 기재되어야 한다.

배정목적과 관련하여 상법에서는 "신기술의 도입, 재무구조의 개선 등 회사의 경영상 목적을 달성하기 위하여 필요한 경우"로 한정하고 있으므로, 이러한 회사의 경영상 목적을 달성하기 위한 범위 내에서 표준정관 규정과 같이 "긴급한 자금조달"이나 "사업상 중요한 기술제휴, 연구개발, 생산·판매·자본제휴를 위하여" 등 구체적인 사유를 특정하여 정관에서 규정하여야 할 것이다.[57]

신주의 제3자 배정과 관련하여 정관에 적법한 근거를 두었다고 하더라도 신주발행 당시 신주발행의 필요성, 공정성과 함께 적합성, 비례성이 확보되도록 하여야 신주발행에 하자가 없음을 실무적으로 유의하여야 한다. 특히, 비례성이란 제3자에게 신주를 배정하는 것은 회사 목적의 달성에 필요한 최소한의 범위에 그쳐야 한다는 원칙인데 정관에 대상과 한도를 규정하더라도 지나치게 높은 비율이나 높은 금액을 기재하는 경우에는 이 원칙에 위배될 수가 있다.[58]

---

57   정문호, "신주인수권관련 정관정비서 실무상 유의할 점", 「상장」 2010년 5월호(한국상장회사협의회, 2010), 94면.
58   정문호, 전게자료, 94면.

경영진의 경영권이나 지배권 방어의 목적에 의한 제3자에의 신주 배정

Q 주식회사가 신주를 발행하면서 경영진의 경영권이나 지배권 방어의 목적으로 제3자에게 신주를 배정한 경우, 기존 주주의 신주인수권을 침해하는 것인지요?

A 네, 그렇습니다.

상법 제418조 제1항, 제2항의 규정은 주식회사가 신주를 발행하면서 주주 아닌 제3자에게 신주를 배정할 경우 기존 주주에게 보유 주식의 가치 하락이나 회사에 대한 지배권 상실 등 불이익을 끼칠 우려가 있다는 점을 감안하여, 신주를 발행할 경우 원칙적으로 기존 주주에게 이를 배정하고 제3자에 대한 신주배정은 정관이 정한 바에 따라서만 가능하도록 하면서, 그 사유도 신기술의 도입이나 재무구조 개선 등 기업 경영의 필요상 부득이한 예외적인 경우로 제한함으로써 기존 주주의 신주인수권에 대한 보호를 강화하고자 하는 데 그 취지가 있습니다.

따라서 주식회사가 신주를 발행함에 있어 신기술의 도입, 재무구조의 개선 등 회사의 경영상 목적을 달성하기 위하여 필요한 범위 안에서 정관이 정한 사유가 없는데도, 회사의 경영권 분쟁이 현실화된 상황에서 경영진의 경영권이나 지배권 방어라는 목적을 달성하기 위하여 제3자에게 신주를 배정하는 것은 상법 제418조 제2항을 위반하여 주주의 신주인수권을 침해하는 것입니다(대법원 2009.01.30. 선고 2008다50776 판결 참조).

13) 기타 기재사항

이상의 기재사항 이외에도 이익의 배당, 잔여재산의 분배, 주주총회에서의 의결권의 행사, 상환 및 전환 등에 관하여 내용이 다른 종류의 주식(종류주식)을 발행하는 때에는 그 규정, 주권의 기명날인자에 관한 규정, 주식의 공유에 관한 규정 등을 정관에 기재할 수 있다(상법 제344조 제2항, 제344조의2, 제344조의3, 제345조, 제346조, 제356조).

3. 주주총회에 관한 규정

1) 직무·권한

주주총회(general meeting of shareholders; Hauptversammlung)는 상법 또는 정관에 정하는 사항에 한하여 결의할 수 있다(상법 제361조).[59] 주주총회 결의는 어디까지나 회사 내부에 관한 사항에 그칠 뿐이며, 외부에 대해서는 효력을 가지지 않는 것이 원칙이다.

만약, 대표이사가 주주총회 결의에 반하여, 제3자와 법률행위를 한 경우에도 원칙적으로 대표이사의 해당 행위는 유효한 것이며, 회사는 대표이사의 해당 행위가 주주총회의 결의에 어긋난다는 이유로 해당 제3자에게 대항하지 못한다. 단, 상법 제374조에 따라 영업양도 등을 할 경우와 같이 법률상 주주총회 결의를 요하는 경우에는 주주총회 결의 유무가 법률행위의 효력에 영향을 미치게 될 것이다.

학설은 대체로 제374조처럼 법률에서 주주총회의 특별결의를 요하는 경우 이를 결하면 당연무효라고 본다.[60] 그러나 정관에서 주주총회

---

59 상법 및 정관에 정하는 사항 외에는 특별결의 사항이 아니며, 판례에 의하면 회사가 그 자본금액을 초과하는 채무를 부담하는 계약을 체결하는 행위는 상법 제374조 소정 주주총회의 특별결의를 요하는 행위에 해당하지 않는다고 판시한 바 있다(대법원 1978. 2. 28. 선고 77다868 판결).

60 한편, 주주총회를 개최하여 결의가 성립하지 않더라도 영업양도의 효력이 발생하는 것으로 보는 경우가 있다. 바로 상법이 이를 허용하거나 판례에 의하여 그 효력이 인정된 경우이다. 상법은 자본금 10억 원 미만 회사에서 서면에 의한 결의로써 주주총회에 갈음할 수 있게 규정하며(제363조 제4항), 간이영업양도의 경우(제374조의3) 주주총회의 승인을 이사회의 승인으로 갈음할 수 있다. 이러한 규정의 취지는 자본금 10억 원 미만인 회사는 소수의 주주로 구성되므로 주주총회결의 성립절차의 엄격성을 완화하려는 것과 이미 90% 이상의 지분을 가진 주주들이 영업양도에 찬성하는 것으로 볼 수 있는 경우 주주총회의 개최를 생략하여 회사의 구조조정절차를 보다 원활하게 하려는 것이다[김재범, "주주총회

를 요하는 경우라면 선의의 제3자에 대해서는 유효라고 본다. 판례에서는 주주총회의 특별결의가 있어야 하는 상법 제374조 제1항 제1호 소정의 '영업의 전부 또는 중요한 일부의 양도'라 함은 일정한 영업목적을 위하여 조직되고 유기적 일체로 기능하는 재산의 전부 또는 중요한 일부를 총체적으로 양도하는 것을 의미하는 것으로서, 이에는 양수회사에 의한 양도회사의 영업적 활동의 전부 또는 중요한 일부분의 승계가 수반되어야 하는 것이므로 단순한 영업용 재산의 양도는 이에 해당하지 않으나, 다만 영업용 재산의 처분으로 말미암아 회사 영업의 전부 또는 일부를 양도하거나 폐지하는 것과 같은 결과를 가져오는 경우에는 주주총회의 특별결의가 필요하다.[61]

(1) 보통결의사항

출석한 주주의 의결권의 과반수와 발행주식총수의 4분의 1 이상의 수로 하는 결의를 보통결의라 한다(상법 제368조 제1항). 이와 같은 보통결의사항은 다음과 같다.

① 이사 · 감사의 선임결의

② 정관으로 대표이사를 주주총회에서 선임하도록 정한 경우 그 선임결의

③ 이사 · 감사의 보수한도 승인결의

④ 재무제표의 승인

⑤ 이익배당 또는 주식배당의 결의

동의 없는 영업용재산(자회사 주식) 양도의 효력과 신의칙의 적용 -대법원 2018. 4. 26. 선고 2017다288757 판결-", 「법학논고」 제63집(경북대학교 법학연구원, 2018), 383면].

61 대법원 2004. 7. 8. 선고 2004다13717 판결.

⑥ 외감법(주식회사의 외부감사에 관한 법률)에 의한 외부감사인의 선임결의

⑦ 정관에서 신주발행(유상증자 또는 무상증자)을 주주총회에서 하도록 한 경우 그 결의

⑧ 청산의 승인

⑨ 그 외 상법규정 또는 정관에서 특별결의로 규정한 사항 이외 사항

(2) 특별결의사항

주주총회의 결의는 보통결의가 원칙이며, 상법에 규정이 있는 경우에만 특별결의에 의한다. 특별결의는 출석한 주주의 의결권의 3분의 2 이상의 수와 발행주식총수의 3분의 1 이상의 수로써 하여야 한다(상법 제434조). 이와 같은 특별결의사항은 아래와 같다.

① 정관의 변경[상호변경, 목적변경, 1주의 금액변경(액면분할), 발행예정주식총수 변경, 본점 관외이전, 그 외 정관변경 사항].

② 이사 · 감사의 해임

③ 자본금 감소

④ 해산 또는 회사계속의 결의

⑤ 주식매수선택권 부여

⑥ 합병계약서의 승인

⑦ 회사의 분할 · 분할합병

⑧ 신설합병 설립위원 선임

⑨ 액면미달 신주발행

⑩ 영업전부, 중요 일부의 양도

⑪ 영업전부 임대, 경영위탁

⑫ 타인과 영업손익 전부 같이하는 계약 기타 이에 준하는 계약의 체결 등

⑬ 그 외 상법의 규정 또는 정관에서 특별결의에 의하는 것으로 규정한 사항 등

(3) 특수결의사항

총주주의 동의 내지 총주주의 일치에 의한 총회의 결의를 필요로 하는 사항을 말한다.

① 이사 또는 감사의 회사에 대한 책임 면제의 경우 총주주의 동의를 득해야 한다(상법 제400조, 제415조).

② 주식회사의 유한회사로의 조직변경 시, 총주주의 일치에 의한 총회결의가 필요하다(상법 제604조 제1항).

2) 소집시기 및 소집통지

(1) 소집시기

주주총회는 주주로서 구성되는 주식회사의 최고 의사결정기관으로서 필요적 상설기관이다. 주주총회에서는 회사의 존립 및 경영 등에 관한 기본적인 사항, 기관·임원의 선·해임 및 기타 법률과 정관에서 정한 사항에 대하여 회사의 의사를 결정한다.

주주총회는 정기총회(ordinary meeting; ordentliche Hauptversammlung)와 임시총회(special meeting; ausserordentliche Hauptversammlung)가 있다. 정기총회는 매 결산기에 1회 일정한 시기에 소집하여야 하며(상법 제365조 제2항),

정기총회는 매년 1회 일정한 시기에 소집하여야 한다(동조 제1항).

정기총회에서는 이사회가 제출한 재무제표를 승인하고, 이익·이자 배당 등 결산에 관한 사항을 결의한다(상법 제449조 제1항). 이에 정기주주 총회를 결산주주총회라고도 한다. 정기총회의 소집시기는 반드시 정관에 정하여야 하는 것은 아니지만, 일반적으로 정관에 이에 관한 규정을 두고 있다. 대부분의 회사 정관에서 결산기가 종료된 날로부터 3개월 이내에 주주총회를 개최하도록 규정하고 있는 것으로 보인다. 주주총회의 소집통지는 주주총회일의 '2주 전'에 행하여야 하며(상법 제363조 제1항), 정관에서 임의로 기간을 단축할 경우 해당 정관은 효력이 없다. 다만, 모든 주주들의 동의가 있는 경우에 한하여 그 기간을 단축할 수 있다.[62]

(2) 소집통지

소집통지와 관련하여 소집통지를 하지 않아도 되는 경우와 소집통 지에 갈음할 수 있는 경우가 있다. 전자의 예로는 소집통지가 주주명부 상의 주주의 주소에 계속하여 3년간 도달하지 아니한 때에는 주주에게 는 소집통지를 하지 않아도 된다(상법 제363조 제1항 단서). 자본금 총액이 10억 원 미만인 회사는 주주 전원의 동의가 있을 경우에는 소집절차 없이 주주총회를 개최할 수 있고, 서면에 의한 결의로써 주주총회의 결의를 갈음할 수 있다(동조 제4항).

그 밖에도 총회의 연기 또는 속행의 경우 역시 별도로 다시 통지할 필요는 없다(상법 제372조 제1항, 제2항).

---

62   정호석, "[법무 가이드] 정기 주주총회의 개최", 법무법인 세움, 2018. 10. 19.

3) 소집권자

주주총회의 소집은 상법에 다른 규정이 있는 경우 외에는 이사회가 이를 결정한다(상법 제362조). 이사회에서는 주주총회의 일시, 장소, 의안 등을 정하고, 그 소집결정의 집행은 업무집행권을 가진 대표이사가 한다. 소집결정을 집행할 대표이사의 유고 시에는 임시적으로 대표이사의 권한을 행사할 수 있는 자에 의한다.

법은 주주총회를 소집하는 경우 회사는 일정 기간 전에 주주가 총회소집을 알 수 있게 서면통지와 공고를 하여야 한다. 일정 기간 전의 통지나 공고는 주주로 하여금 회의에 출석할 기회와 의안에 대한 준비를 할 수 있는 시간적 여유를 주기 위해서 필요하다. 이에 법은 총회일 2주간 전에 각 주주에게 서면으로 또는 각 주주의 동의를 받아 전자문서로 통지를 발송하도록 하고 있다(상법 제363조 제1항).[63] 이 규정의 취지상 법정기간은 정관으로도 단축할 수 없으나, 연장할 수는 있다.

정당한 소집권자에 의하여 소집된 주주총회가 아니면 그 결의는 무효이다.[64]

4) 소집지

상법은 주주의 의결권 행사를 의도적으로 방해하기 위하여 주주의

---

[63] 자본금 총액이 10억 원 미만인 회사가 주주총회를 소집하는 경우에는 주주총회일의 10일 전에 각 주주에게 서면으로 통지를 발송하거나 각 주주의 동의를 받아 전자문서로 통지를 발송할 수 있다(상법 제363조 제3항).

[64] 대법원 1973. 7. 24. 선고 73다326 제1부 판결.

총회참석이 어려운 장소를 택하여 총회를 소집하는 것을 방지함으로써 소수파주주를 보호하기 위하여 총회의 소집지를 제한하고 있다. 즉, 회사는 총회의 소집지를 정관에 달리 정하지 않는 경우에는 본점소재지 또는 이에 인접한 지에 소집하여야 한다(상법 제364조). 여기에서 「인접한 지」라 함은 인접한 최소의 독립행정구역, 예컨대 시·군, 특별시·광역시의 구를 말한다.[65]

주주총회 소집절차상의 하자

정당한 소집권자에 의하여 소집된 주주총회의 결의라면, 설사 주주총회의 소집에 이사회의 결의가 없었고 그 소집통지가 서면에 의하지 아니한 구두소집통지로서 법정 소집 기간을 준수하지 아니하였으며 또한 극히 일부의 주주에 대하여는 소집통지를 빠뜨렸다 하더라도 그와 같은 주주총회 소집절차상의 하자는 주주총회결의의 단순한 취소사유에 불과하다 할 것이다(대법원 1987.04.28. 선고 86다카553 판결).

5) 의장

주주총회의 의장은 상법상 총회에서 선임하게 되어 있다. 다만, 정관에 이에 관한 규정이 있는 경우에는 정관에 따른다(상법 제366조의2 제1항). 주주총회는 회의체 기관으로서 의사를 진행할 의장을 필요로 한다. 의장은 반드시 정관에 규정하여야 하는 것은 아니나, 총회 때마다 의장을 선임하여야 하는 번거로움이 있기 때문에 의장을 미리 정관으로 정하는 게

---

[65] 정관에서 본점소재지를 '서울특별시'로 규정하고 있으므로, 주주총회 소집지의 최소 행정구역은 '서울특별시'이고, 서울특별시의 인접한 지인 고양시에서 개최된 이 사건 주주총회에는 소집지 위반의 하자가 없다(서울고등법원 2006. 4. 12. 선고 2005나74384 판결).

바람직하다. 정관에 의장을 정하는 경우 어떤 특정인을 지정하여야 하는 것이 아니고 대표이사로 정하는 것이 일반적이다. 회장의 유고 시 역시 정관에 정함이 없으면 임시의장을 선임하여야 하는 불편이 있으므로 미리 정관에 정하는 것이 편리하다.

총회의 의장은 총회의 질서를 유지하고 의사를 정리한다(동조 제2항). 총회의 의장은 고의로 의사진행을 방해하기 위한 발언·행동을 하는 등 현저히 질서를 문란하게 하는 자에 대하여 그 발언의 정지 또는 퇴장을 명할 수 있다(동조 제3항). 의장의 질서유지권은 이른바 총회꾼의 발호를 막기 위하여 국회법상의 의장의 질서유지권(국회법 제145조)을 본받은 제도이다. 다만, 사인의 회의체에서 의장에게 퇴장명령권까지를 부여할 수 있는지 의문이다.

정관상 의장이 될 사람이 아닌 자가 정당한 사유 없이 총회의 의장이 되어 의사에 관여한 경우[66]에는 총회운영의 적정성을 침해하므로 결의취소의 사유로 되지만, 의장이 부당하게 사회를 거절하여 주주들이 임시로 의장을 선출하여 회의를 진행한 때에는 결의가 적법하다.[67][68]

6) 결의방법

주주총회의 결의는 상법 또는 정관에 다른 정함이 있는 경우를 제외하고는 출석한 주주의 의결권의 과반수와 발행주식총수의 4분의 1 이

---

66 대법원 1977. 9. 28. 선고 76다2386 판결.

67 대법원 1983. 8. 23. 선고 83도748 판결.

68 김재범, "이사선임 주주총회결의 취소의 소와 판결의 소급효 제한 – 대상판결: 서울고법 1998. 8. 25. 선고 98나5267 판결 –", 「상사판례연구」 제13집(한국상사판례학회, 2002), 199면.

상의 수로써 하여야 한다(상법 제368조 제1항).[69] 상법은 정관에 다른 정함을 허용하고 있지만 상법이 정한 요건보다 완화된 요건, 예컨대 '출석한 주주의 의결권의 과반수와 발행주식총수의 5분의 1 이상의 수' 또는 '발행주식총수의 5분의 1 출석과 출석한 의결권의 과반수' 등으로는 할 수 없다. 다만, 회사는 이러한 요건을 예컨대 '과반수 출석에 과반수의 찬성' 정도로 가중할 수 있다. 이 경우 반드시 정관에 규정하여야 한다. 결의요건을 가중하는 것은 회사의 입장에서는 가중한 수만큼의 주주의 출석을 유도하여야 하고 그 비율만큼의 찬성주주를 확보하여야 한다는 점에서 부담이 된다.

주주가 의결권을 행사하는 방법은 종전에는 본인이 스스로 또는 대리인을 통하여 총회에 참석하여 행사하는 방법만을 인정하였으나, 개정법에서는 서면으로 의결권 행사를 할 수 있는 규정을 둠으로써 서면에 의한 의결권 행사제도를 도입하였다(상법 제368조의3 제1항). 다만 이 제도를 도입하려는 경우 반드시 정관에 이에 관한 규정을 두어야 한다. 아울러 법은 주주총회를 소집함에는 그 일시, 장소 및 회의의 목적사항과 서면에 의한 의결권을 행사하는 데 필요한 서면과 참고자료를 첨부하여 총회일 2주간 전에 주주에게 서면으로 통지를 발송하도록 하고 있다(상법 제368조의3 제2항, 제363조).

---

69 1995년 주총 결의를 쉽게 하기 위해 상법을 바꿔 주총 성립 요건이 되는 의사정족수 규정을 없앴다. 다만 문제점을 보완하기 위해 보통결의(이사 선임, 재무제표 승인, 임원 보수 승인 등)의 경우 '발행주식 총수의 4분의 1 이상 찬성'이라는 '최소 찬성요건'을 넣었다. 결국 보통결의는 출석 주식수의 과반수가 찬성하되, 찬성한 주식수가 발행주식의 4분의 1 이상이어야 한다. 정관변경, 합병 등 특별결의는 출석 주식수 3분의 2 찬성, 발행주식의 3분의 1을 넘어야 한다.

7) 의결권의 대리행사

주주는 대리인으로 하여금 그 의결권을 대리행사하게 할 수 있다(상법 제368조 제2항 1문). 주식회사에는 다수의 주주가 분산되어 있어서 주주의 직접적인 출석을 요구하는 것이 곤란하고 주식의 비개성적 성질상 타인이 이를 대신 행사하여도 무방하기 때문에 의결권의 대리행사가 허용되고 있다.

대리인에 의하여 의결권을 행사하는 경우에 대리인은 대리권을 증명하는 서면(위임장)을 총회에 제출하여야 한다(同 2문). 위임장은 원본을 제출하는 것이 원칙이다.[70] 위임장은 의결권 행사 이전에 제출하여야 하며, 다만 미리 의결권 대리행사를 회사에 통지한 경우에는 사본을 제출하였더라도 의결권 대리행사를 제한할 수 없다.[71]

대리인이 주주의 명시된 의사에 반하여 의결권을 행사한 경우에 그 결의의 효력에 있어 일반적으로 대리인에게 손해배상의무가 생길 뿐 결

---

[70] 상법 제368조 제3항은 주주의 의결권을 대리행사하고자 하는 자는 대리권을 증명하는 서면을 총회에 제출하도록 규정하고 있는바, 그 규정은 대리권의 존부에 관한 법률관계를 명확히 하여 주주총회 결의의 성립을 원활하게 하기 위한 데 그 목적이 있다고 할 것이므로, 대리권을 증명하는 서면은 위조나 변조 여부를 쉽게 식별할 수 있는 원본이어야 하고 특별한 사정이 없는 한 사본은 그 서면에 해당하지 않는다(대법원 1995. 2. 28. 선고 94다34579 판결).

[71] 회사의 주주는 갑과 그 회사의 대표이사들인 을, 병의 3인뿐이었고, 을·병은 갑이 그 소유주식 일부를 정과 무에게 명의신탁하여 그들이 갑의 단순한 명의수탁자에 불과하다는 사실을 잘 알면서 오랜 기간 동안 회사를 공동으로 경영하여 왔는데, 갑이 주주총회 개최 사실을 통보받고 미리 의결권을 변호사로 하여금 대리행사하게 하겠다는 의사를 주주총회 개최 전에 회사에 통보까지 하였고 그 변호사가 주주총회에 참석하여 갑의 위임장 원본을 제출하였다면, 비록 그 변호사가 지참한 정·무의 위임장 및 인감증명서가 모두 사본이라 하더라도 갑이 그 소유주식 전부에 대한 의결권을 그 변호사에게 위임하였다는 사실은 충분히 증명되었다고 할 것이어서, 회사의 대표이사들은 그 변호사의 의결권 대리행사를 제한하여서는 안 된다(대법원 1995. 2. 28. 선고 94다34579 판결).

의의 효력에는 영향이 없다.[72] 다만, 회사가 의결권 대리행사의 권유자인 경우에는 회사가 주주의 의사를 알고 있으므로 그 의사에 반한 의결권 행사는 무효이고 결의취소의 사유가 된다고 본다.[73]

대리인의 자격을 정관에 의하여 주주로 제한하는 경우가 있다. 그러나 이는 주주의 권리행사를 부당하게 제한하는 것이므로 무효라고 보아야 할 것이다.[74] 또한 1인의 주주가 복수의 대리인을 선임하거나 일부의 주식은 자신이 직접 의결권을 행사하고, 나머지 부분에 대하여 대리인을 선임할 수 있는지가 문제된다. 그러나 이는 의결권의 불통일행사를 금지하는 상법 규정(상법 제368조의2)을 잠탈하여 주주총회의 원활한 운영을 해칠 염려가 있으므로 회사가 이를 거부할 수 있다고 보아야 할 것이다.[75]

8) 특별이해관계인의 의결권 행사

주주총회에서는 회사경영에 관한 주요 안건을 논의하고 회사의사를 결정하는데, 그 과정에서 주주들이 첨예하게 대립할 수 있다. 서로 다

---

72 류광춘, "주주 의결권의 대리행사", 「상장」 2004년 12월호(한국상장회사협의회, 2004), 81면.

73 이철송, 「회사법강의」(제30판)(박영사, 2022), 555면 참조.

74 기본적으로 대리인의 선임은 주주가 의결권을 행사하기 위한 수단이므로 성질상 정관자치의 대상이 될 수 없다. 따라서 대리인을 주주로 한정하는 것은 획일적으로 무효라고 보아야 한다(이철송, 전게서, 545면).

75 의결권의 대리행사로 말미암아 주주총회의 개최가 부당하게 저해되거나 혹은 회사의 이익이 부당하게 침해될 염려가 있는 등의 특별한 사정이 있는 경우에는 회사는 이를 거절할 수 있다고 보아야 할 것이며, 주주가 자신이 가진 복수의 의결권을 불통일행사하기 위하여는 회일의 3일 전에 회사에 대하여 서면으로 그 뜻과 이유를 통지하여야 할 뿐만 아니라, 회사는 주주가 주식의 신탁을 인수하였거나 기타 타인을 위하여 주식을 가지고 있는 경우 외에는 주주의 의결권 불통일행사를 거부할 수 있는 것이므로, 주주가 위와 같은 요건을 갖추지 못한 채 의결권 불통일행사를 위하여 수인의 대리인을 선임하고자 하는 경우에는 회사는 역시 이를 거절할 수 있다(대법원 2001. 9. 7. 선고 2001도2917 판결).

른 주주들의 의사는 다수결원칙에 의하여 하나로 모아지게 되는데, 다수결원칙은 필연적으로 소수의 승복을 요구한다. 다수결원칙은 의결권이 공정하게 행사되어 그 과정에 관하여 주주 모두에게 불만이 없어야 관철될 수 있다. 상법은 공정한 의결권의 행사를 위하여 여러 절차를 마련하고 있는데, 그중 하나가 특별이해관계인의 의결권배제제도이다.

주주총회에서 특별이해관계인은 의결권 행사가 인정되지 않는다(상법 제368조 제3항). 주주의 의결권은 주주의 고유하고 기본적인 권리이므로 특별이해관계인이라는 이유로 이를 제한하기 위하여는 그 결의에 관하여 특별한 이해관계가 있음이 객관적으로 명확하여야 한다.[76] 특별한 이해관계의 의미는 특정한 주주가 주주의 입장을 떠나서 개인적으로 가지는 이해관계로 이해된다. 회사가 자기주식의 취득 결의를 하는 경우 취득 대상 주식의 주주가 이에 해당한다.[77] 또한, 주주총회가 재무제표를 승인한 후 2년 내에 이사와 감사의 책임을 추궁하는 결의를 하는 경우 당해 이사와 감사인 주주는 회사로부터 책임을 추궁당하는 위치에 서게 되어 주주의 입장을 떠나 개인적으로 이해관계를 가지는 경우로서 그 결의에 관한 특별이해관계인에 해당한다.[78]

특별한 이해관계의 존재 여부를 판단하려면 결의사항의 내용으로부터 이해관계의 대립이 노정되어야 하지만, 이것이 감추어지는 경우 이

---

76 대법원 2007. 9. 6. 선고 2007다40000 판결.

77 주식양도가 제한되는 회사(제335조 제1항)에서 주주인 이사의 주식을 회사가 양수하거나 회사의 자기주식을 이사에게 처분하는 경우(제342조)에 적용되며, 이러한 거래를 승인하는 이사회 결의 시 해당 이사는 특별이해관계인으로서 의결권이 제한된다(김재범, "주식회사에서 특별이해관계인 의결권배제제도의 평가", 「영남법학」 제40집(영남대학교 법학연구소, 2015) 136면.

78 대법원 2007. 9. 6. 선고 2007다40000 판결.

를 파악하기가 어렵고, 대주주가 개입하는 거래의 경우 더욱 더 이해관계가 드러나지 않을 수 있다.[79]

9) 의사록

주주총회의 의사에 관하여는 의사록을 작성하고(상법 제373조 제1항) 의사의 경과요령 및 그 결과를 기재하고 의장과 출석한 이사가 기명날인 또는 서명하여야 한다(동조 제2항). 그리고 이사는 의사록을 본점과 지점에 비치하여야 하고(상법 제396조 제1항), 주주와 회사채권자는 영업시간 내에 언제든지 의사록의 열람 또는 등사를 청구할 수 있다(동조 제2항).

10) 총회의 연기·속행 및 회의장소의 변경

주주총회를 연기하거나 또는 속행(계속회)하는 때에는 총회의 결의에 의하여야 한다(상법 제372조 제1항). 여기서 「연기」란 총회가 성립한 후에 의사(議事)에 들어가지 않고 회의를 후일로 미루는 것을 말하며, 「속행」이란 의사에 들어간 후에 시간의 부족, 기타의 사유에 의하여 심의를 완료하지 못한 상태로 회의를 일시중지하였다가 후일 계속하여 재회의하는 것을 말한다.

총회의 회의장소를 변경하는 경우에도 총회의 결의가 있어야 한다. 주주총회의 개회시각이 부득이한 사정으로 당초 소집통지된 시각보다 지연되는 경우에도 사회통념에 비추어 볼 때 정각에 출석한 주주들의 입

---

[79] 김재범, 전게논문, 153-154면.

장에서 변경된 개회시각까지 기다려 참석하는 것이 곤란하지 않을 정도라면 절차상의 하자가 되지 아니한다.[80] 그러나 그 정도를 넘어 개회시각을 사실상 부정확하게 만들고 소집통지된 시각에 출석한 주주들의 참석을 기대하기 어려워 그들의 참석권을 침해하기에 이르렀다면 주주총회의 소집절차가 현저히 불공정하다고 하지 않을 수 없다.[81] 또한 소집통지 및 공고가 적법하게 이루어진 이후에 당초의 소집장소에서 개회를 하여 소집장소를 변경하기로 하는 결의조차 할 수 없는 부득이한 사정이 발생한 경우, 소집권자가 대체 장소를 정한 다음 당초의 소집장소에 출석한 주주들로 하여금 변경된 장소에 모일 수 있도록 상당한 방법으로 알리고 이동에 필요한 조치를 다한 때에 한하여 적법하게 소집장소가 변경되었다고 볼 수 있다.[82]

주주총회의 연기 · 속행

Q 주주총회의 소집통지를 발송한 후, 개최 예정일 당일에 천재가 발생했을 경우에는 주주총회의 결의를 연기하는 방향으로 준비를 하고 싶습니다. 어떤 절차를 밟아야 그런 연기를 할 수 있을까요? 또한 연기한 총회 날짜를 언제까지 미룰 수 있을까요?

A 주주총회의 개회가 물리적으로 가능하다면 소집결정(상법 362조)이나 소집통지 발송(상법 제363조)의 절차를 거치지 않고 연기 또는 속행을 할 수 있습니다(상법 제372조 제1항). 그러나 주주총회 의장의 의견으로 결정해서는 안 되고, 반드시 회의장에 자문해 결의를 얻을 필요가 있습니다.

---

80   대법원 2003. 7. 11. 선고 2001다45584 판결.
81   대법원 2003. 7. 11. 선고 2001다45584 판결.
82   대법원 2003. 7. 11. 선고 2001다45584 판결.

연기 또는 속행을 결의할 때에는 후일 총회의 일시 및 장소를 정하여 결의해야 합니다. 개최해야 하는 날짜에 대해서는 법령상 특별히 정해진 것은 없지만 당초의 총회와 하나가 되므로 연기회 또는 계속회까지의 기간은 원칙적으로 길어도 2주 이내로 해야 할 것입니다.*

잉여금의 배당 의안이 있는 경우에는, 연기회 또는 계속회에 의한 잉여금의 배당 결의일이 기준일부터 3개월을 지나게 된다면, 재차 기준일을 설정하여 공고할 필요가 있습니다.**

* 상법 제363조 제1항에서는 "주주총회를 소집할 때에는 주주총회일의 2주 전에 각 주주에게 서면으로 통지를 발송하거나 각 주주의 동의를 받아 전자문서로 통지를 발송하여야 한다."고 규정하고 있습니다.

** 상법 제354조에서는 회사가 주주총회에서 의결권을 행사하거나 또는 이익배당을 받을 자 등 권리행사자를 정하기 위하여 일정한 기간을 정하여 주주명부를 폐쇄하거나 기준일을 설정할 수 있도록 하고 있는데(제1항), 그 기간은 3개월을 초과하지 못하도록 하고 있습니다(제2항).

4. 이사에 관한 규정

1) 정원

이사는 3명 이상이어야 하며(상법 제383조 제1항 본문), 최대수에 대한 제한은 없으나 정관으로 제한할 수 있다. 적대적 인수합병을 방지하기 위해서 회사의 정관상 이사의 원수의 상한을 설정해두는 것이 좋다.

한편, 다만, 자본금 총액이 10억 원 미만인 회사는 1명 또는 2명으로 할 수 있다(동조 단서).

2) 선임방법

이사의 경우 회사를 설립할 때에는 발기인이나 창립총회에서 선임하지만(상법 제296조 제1항, 제312조), 설립 이후에는 주주총회에서 선임한다(상법 제382조 제1항).

단순투표제와 집중투표제[83]

원칙적으로 주주총회의 선임결의는 이사 1인마다 별도로 실시한다. 따라서 과반수를 초과하는 지분을 가진 다수주주는 이사 전원을 자신의 의사대로 선임할 수 있다.

집중투표제는 2인 이상의 이사를 선임할 때 보유주식 1주당 선임하고자 하는 이사 수만큼의 의결권을 부여하고, 이를 여러 후보에 분산하거나 특정 후보에 집중하여 행사할 수 있게 한 제도이다(상법 제382조의2, 제542조의7). 집중투표를 위해서는 ① 정관에 배제조항이 없어야 하고, ② 소수주주(비상장회사·상장회사 3%, 대규모상장회사 1%)의 집중투표 청구(비상장회사는 주주총회 7일전, 상장회사는 주주총회 6주전)가 있어야 한다.

집중투표제는 기본적으로 선임하려는 임원의 수보다 안건으로 상정된 후보의 수가 많아 후보 간 경쟁이 있는 상황에서 일반주주들이 지지하는 후보의 선임 확률을 높이는 제도이다. 예컨대 4인의 후보 중 3인을 선임해야 하는 상황에서 소수주주가 원하는 1인의 후보를 선임하는 데 효과적이다.[84] 갑회사는 발행주식 총수가 100주이다. 이를 A가 60%, B가 30%, C가 10% 가지고 있고, 4인의 후보 중 3인을 선임한다고 하자. 단순투표제에서는 3인의 이사를 모두 다수주주 A가 원하는 자로 선임할 수 있다. 그러나 집중투표제에서는 A는 180개(60×3), B는 90개(30×3), C가 30개(10×3)의 의결권을 갖는다. 이사 3인을 A의 뜻대로 선임하려면 A는 60개씩 의결권을 행사하게 되는데, B 단독으로도 90개의 의결권을 자신이 선임하고자 하는

83 손영화, 「창업과 법」(삼영사, 2017), 232-233면.
84 송민경, "집중투표제 의무화 논의의 전제: 주주제안, 위임장 권유제도 및 주주총회 공시의 합리화", 「CGS Report」 통권 제3권 제3호(한국기업지배구조원, 2013), 3면.

이사 후보에게 행사하여 1인의 이사를 자신의 뜻대로 선임할 수 있게 된다. 소수주주인 B와 C가 연합하는 경우에는 그러한 가능성은 더욱 커지게 된다.

① 이사의 선임은 주주총회의 고유권한이므로 정관이나 주주총회의 결의에 의해서도 다른 기관에 위임할 수 없고, ② 정관에 집중투표제 배제조항이 없는 한 주주총회의 결의에 관하여 소수주주권(의결권 없는 주식을 제외한 발행주식총수의 100분의 3 이상에 해당하는 주식을 가진 주주의 소수주주권)으로 집중투표제를 요구할 수 있다(상법 제382조의2, 제527조의7 제1항). ③ 상장회사에서는 상법 제542조의4 제2항에 따라 주주들에게 통지·공고한 후보자 중에서만 이사를 선임해야 하고(상법 제542조의5), ④ 자산총액 2조 원 이상인 대규모 상장회사에서는 사외이사후보추천위원회의 추천을 받은 자 중에서만 사외이사를 선임해야 한다(상법 제542조의8 제5항).[85][86]

---

85 2000년 1월 21일 개정되고 2000년 4월 1일부터 시행된 舊 증권거래법에서 자산규모 2조 원 이상의 증권회사에 대해 사외이사후보추천위원회 설치를 의무화한 것이 우리나라에서 동 위원회 도입을 의무화한 최초의 강행규정이다. 2009년 2월 4일부터 증권거래법이 폐지되고, 동 날짜부터 최초로 시행된 자본시장과 금융투자업에 관한 법률(이하 자본시장법)은 금융투자업자의 사외이사후보추천위원회 의무 설치를 규정하였다. 상법에서는 2009년 1월 30일 개정 시 최초로 사외이사 및 사외이사후보추천위원회에 관한 조항을 신설하였으며, 자산총액 2조 원 이상의 상장법인에 한해 동 위원회 설치를 강제하였다[엄수진, "국내 상장사의 사외이사후보추천위원회 도입 추이", 「CGS Report」 통권 제47호(한국기업지배구조원, 2014), 16면].

86 한편 이사는 원칙적으로 3인 이상 선임해야 하지만(상법 제383조 제1항), 예외적으로 ① 자본금 10억 원 미만인 소규모회사는 이사를 1인 또는 2인만 선임할 수 있고, ② 모든 상장회사는 이사총수의 4분의 1 이상을 사외이사로 선임해야 하며, ③ 자산총액 2조원 이상인 대규모 상장회사는 사외이사를 3인 이상 그리고 이사총수의 과반수가 되도록 선임해야 한다(상법 제542조의8 제1항, 동법 시행령 제34조 제2항)[정준우, "이사의 선임·해임에 관한 쟁점사항 검토", 「법학연구」 제20집 제2호(인하대학교 법학연구소, 2017), 191면].

3) 자격

이사의 자격에 관하여 상법은 특별한 제한을 두고 있지 않다. 다만, 민법상 위임에 관한 규정이 준용되므로 피성년후견인이나 파산자는 이사가 되지 못한다(민법 제690조6). 다른 영업장의 지배인, 기타의 상업사용인은 그 영업주의 허가가 없으면 이사가 될 수 없고(상법 제17조 제1항), 대리상, 인적 회사의 무한책임사원 또는 물적 회사의 이사는 본인, 다른 사원 또는 이사회(사원총회)의 허가(승인)가 없으면 이사가 될 수 없다. 또한 해당 회사나 그 자회사의 감사도 이사가 될 수 없다(상법 제411조).[87]

정관으로 이사의 자격을 제한하는 것은 가능하다. 예컨대 정관에 의하여 이사의 자격을 주주로 한정할 수 있다. 이 경우에 정관으로 이사가 가질 주식의 수(자격주)를 정한 때에는 다른 정함이 없으면 이사는 그 수의 주권을 감사에게 공탁하여야 한다(상법 제387조). 또한 이사의 자격을 내국인으로 정할 수도 있다. 정관에 「이사는 한국인에 한한다」라고 규정을 한 경우에 그 효력이 문제될 수 있다. 정관 자치의 관점에서 이와 같은 조항은 합리적 범위 내에서 자치적으로 자격을 제한한 것으로 보아 역시 유효하다고 해석된다.[88]

그 밖에도 정관으로 피성년후견인, 피한정후견인, 파산선고를 받고 복권이 되지 않은 자 및 법법자 등은 이사의 자격이 없다고 정할 수 있다.

---

[87] 김은영·서장원, "주식회사 이사(理事)에 대하여 '형벌 관련 결격사유'를 두는 상법 개정안에 대한 연구", 「법제」 제2017권 제3호(법제처, 2017), 131면.

[88] 일본에서도 정관에 「이사는 일본인에 한한다」라는 규정을 둔 경우 외국자본으로부터 경영권을 지킨다는 이유에서 판례가 유효하다고 인정한 경우가 있다고 한다[元栄太一郎監修, 「図解とQ&Aでわかる会社役員〈取締役・監査役〉の法律常識と実務 : 事業者必携」(三修社, 2012), 33面].

4) 임기

이사의 임기는 3년을 초과하지 못한다(상법 제383조 제2항). 정관에 규정을 두어 그 임기 중의 최종의 결산일에 관한 정기주주총회의 종결에 이르기까지 연장할 수 있다(상법 제383조 제3항). 즉, 12월 31일이 결산일인 주식회사의 이사의 임기가 1월 30일에 끝나고 주주총회가 3월 30일에 열린다면 임기를 3월 30일까지 연장할 수 있다는 규정을 정관에 둘 수 있다. 이것은 이사로 하여금 임기 중의 결산에 대한 책임을 지도록 하고, 이사의 결원을 보충하기 위한 임시주주총회를 소집하여야 하는 번거로움을 피하도록 하기 위한 것이다. 그러므로 임기에 관하여 정관에 「이사의 임기는 그 취임 후 ○번째 정기주주총회의 종료 시까지로 한다」라고 정하여 두는 것이 편리하다.

5) 결원

이사는 법률상 3명 이상이어야 한다(상법 제383조 제1항). 다만 구체적인 정원은 각 회사마다 정관으로 정할 수 있다. 법률 또는 정관에서 정한 이사의 원수를 결한 경우에는 임기의 만료 또는 사임으로 인하여 퇴임한 이사는 새로 선임된 이사가 취임할 때까지 이사로서의 권리와 의무가 있다(상법 제386조 제1항). 법률 또는 정관에서 정한 이사의 최저원수를 결한 경우에 필요하다고 인정할 때에는 법원은 이사, 감사, 기타의 이해관계인의 청구에 의하여 일시이사의 직무를 행할 자를 선임할 수 있다

(상법 제386조 제2항).[89]

이사가 유고되어 재적이사가 법정 최저원수인 3명에 미달하여 1명 또는 2명이 되면 여기서 이루어진 이사회의 결의는 당연히 무효이다.

(1) 이사가 임기만료 또는 사임한 경우

상법은 이사의 수가 법정 정원 이하로 되는 경우에 대하여 규정을 두고 있다. 즉, 이사가 임기만료 또는 사임으로 인하여 법률 또는 정관에서 정한 이사의 원수를 결한 경우에는 회사는 주주총회(임시주주총회를 포함한다)를 열어 이사를 선임하여야 한다. 이 경우 퇴임한 이사는 새로 선임된 이사가 취임할 때까지 이사의 권리의무가 있다(상법 제386조 제1항). 다만, 필요하다고 인정할 때에는 법원은 이사, 감사, 기타의 이해관계인의 청구에 의하여 일시이사의 직무를 행할 자를 선임할 수 있다(상법 제386 제2항). 이러한 자를 일시이사(一時理事), 가이사(假理事) 또는 임시이사(臨時理事)라 한다.

일시이사 또는 가이사를 선임한 경우에는 본점의 소재지에서 그 등기를 하여야 한다(상법 제386조 제2항 후단).

(2) 이사가 사망 또는 해임된 경우

상법 제368조 제1항은 법률 또는 정관에서 정한 이사의 원수를 결한 경우로 임기만료와 사임의 두 가지 경우만을 들고 있으나 이에 한정

---

89 회사의 대표자는 이사의 임기만료 또는 사임 등의 사유가 발생한 경우 그 이사의 퇴임등기를 신청하여야 한다. 다만, 법률 또는 정관에 정한 이사의 인원수를 결한 경우(임기만료 또는 사임에 한정한다)에는 후임이사의 취임등기를 하기 전 퇴임한 이사의 퇴임등기만을 신청할 수 없다(이사와 집행임원의 등기신청방법에 관한 예규(제정 2014. 11. 5. [등기예규 제1538호 시행 2014. 11. 21.]) 제2조 제2항).

할 이유가 없다. 즉, 해당 이사가 사망·해임·파산·질병·납치·행방불명 등 어떠한 사유에서든 정원을 결한 모든 경우를 포함하는 뜻으로 보아야 한다. 이사의 사망·해임·파산 등으로 자격을 상실한 경우에는 성질상 이들이 이사의 권리의무를 유지할 수 없으므로 회사는 임시총회를 개최하여 결원을 보충하여야 할 것이고, 만일 임시총회를 개최할 여건이 되지 않으면 상법 제386조 제2항의 규정에 따라 법원에 일시이사의 선임을 요청해서라도 결원을 보충해야 한다.[90]

일시이사(가이사)는 가처분에 의해 선임된 직무대행자의 권한이 상무(常務)에 제한되는 것(상법 제408조 제1항)과는 달리 정상적인 이사의 모든 권리의무에 미치므로 주주총회에서 후임 이사가 선임될 때까지는 다른 이사와 동일하다.

6) 대표이사와 업무담당이사

대표이사는 대외적으로 회사를 대표하고 대내적으로 업무를 집행하는 회사의 필요적 상설기관이다. 대표이사는 설립등기 시에 등기해야 할 사항이므로 설립등기 전에 대표이사를 선임해야 한다. 그러나 정관으로 주주총회에서 대표이사를 선정할 것을 정할 수 있다(상법 제317조 제2항 제9호 및 제389조 제1항).

대표이사는 1인을 선정하는 것이 보통이지만 수인을 선정할 수도 있다. 이사 전원을 대표이사로 선임해도 무방하다. 대표이사가 수인인 경우에도 각자가 단독으로 회사를 대표하는 것이 원칙이지만, 대표권을

90 　김재호, "이사·감사의 결원시 처리방법", 「상장」 2009년 10월호(한국상장회사협의회, 2009), 101면.

신중히 행사하도록 하기 위하여 수인의 대표이사가 공동으로만 회사를 대표하게 할 수 있다(공동대표이사,[91] 상법 제389조 제2항).[92] 그리고 부사장, 전무이사, 상무이사 등 업무담당이사에 관하여는 법률에 아무런 정함이 없으므로 회사에 이를 둘 것인가는 정관으로 정할 수 있다.

실무상으로 회사는 정관에 이사회의 결의로 대내적 업무집행을 담당하는 업무담당이사로서 사장, 부사장, 전무, 상무 등을 선임할 수 있다고 정하고 그 가운데서 1인 또는 수인을 대표이사로 정하는 것이 보통이다.

업무집행지시자의 책임

상법 제399조·제401조·제403조의 적용에 있어 이사로 의제되는 자에 관하여, 상법 제401조의2 제1항 제1호는 '회사에 대한 자신의 영향력을 이용하여 이사에게 업무집행을 지시한 자', 제2호는 '이사의 이름으로 직접 업무를 집행한 자', 제3호는 '이사가 아니면서 명예회장·회장·사장·부사장·전무·상무·이사·기타 업무를 집행할 권한이 있는 것으로 인정될 만한 명칭을 사용하여 회사의 업무를 집행한 자'라고 규정하고 있는바, 제1호 및 제2호는 회사에 대해 영향력을 가진 자를 전제로 하고 있으나, 제3호는 직명 자체에 업무집행권이 표상되어 있기 때문에 그에 더하여 회사에 대해 영향력을 가진 자일 것까지 요건으로 하고 있는 것은 아니다(대법원 2009. 11. 26. 선고 2009다39240 판결).

---

[91] 공동대표이사란 수인의 대표이사가 공동으로써 회사를 대표하는 것을 말한다(상법 제389조 제2항). 공동대표이사는 회사를 대표할 때 공동대표이사 전원이 공동으로 행위를 하여야 하며, 공동으로 하지 아니하면 대표권을 행사할 수 없다. 다만 제3자의 의사표시를 받을 권한은 각자가 이를 가진다(상법 제208조 제2항, 제269조, 제389조 제3항, 제562조 제4항).

[92] 각자대표이사를 선임한 후에 이들을 공동대표이사로 할 것을 이사회에서 결의할 수 있으며 반대로 공동대표이사로 하였다가 추후 각자대표이사로 전환하는 것도 가능하다[김재호, "공동대표이사제도", 「상장」 2008년 2월호(한국상장회사협의회, 2008), 77면].

7) 이사의 직무

이사의 권한 중에서 가장 중요한 것은 이사회의 구성원이 되어 회사의 업무집행의 결정에 관여하는 것이다(상법 제393조 제1항). 이사가 단독으로 행사할 수 있는 권한으로는 주주총회에 출석하여 의사록에 기명날인 또는 서명을 하고(상법 제373조 제2항), 이사회를 소집하고(상법 제390조 제1항), 각종의 소를 제기하고(상법 제328조, 제376조 1항, 제429조, 제445조, 제529조), 검사인의 선임을 청구하는 것(상법 제298조) 등이 있다.

(1) 이사회 소집권, 소집요구권

이사회는 원칙적으로 각 이사가 이사회 소집이 필요하다고 판단하는 경우 소집할 수 있다. 그러나 이사회 결의로 이사회 소집권자를 지정한 경우 그 이사가 소집권을 행사할 수 있다(상법 제390조 제1항). 다만, 이러한 경우에도 소집권자로 지정되지 않은 이사는 소집권자인 이사에게 이사회 소집을 요구할 수 있으며, 만약 정당한 사유 없이 소집을 거절하는 경우 다른 이사가 이사회를 소집할 수 있다(상법 제390조 제2항).

(2) 이사회 참석권과 표결권

이사회가 소집되는 경우 각 이사 및 감사에게 이사회일의 1주일 전까지 소집통지를 발송하게 되어 있는데, 그 소집통지 기간은 정관의 규정으로 단축할 수 있다(상법 제390조 제3항). 소집통지를 하는 것은 이사의 이사회 참석권을 보장하기 위한 것이므로, 만약 이사가 소집통지를 받지 못하여

이사회에 참석하지 못하는 경우에는 이사회 결의의 하자가 될 수 있다.[93]

이사회는 대표이사 선임권(상법 제389조 제1항), 중요한 자산의 처분 및 양도, 대규모 재산의 차입, 지배인 선임 또는 해임, 지점의 설치 이전 또는 폐지 등에 관한 의사결정권(상법 제393조 제1항)을 가지며, 유상증자(상법 제416조 제1항), 사채발행(상법 제469조 제1항), 자기주식의 취득(상법 341조 제2항 단서, 정관으로 이익배당을 이사회 결의사항으로 정한 경우), 이익배당(상법 제462조 제2항 단서, 정관으로 재무제표 승인을 이사회 승인사항으로 정한 경우), 합병, 분할 등 회사의 구조변경 등에 관한 사항에 대한 의사결정권(단, 주주총회의 승인 필요)을 가진다.

이사는 이사회의 구성원으로서 의결사항에 대한 표결권(1인 1표)을 행사할 수 있으며, 이사회 결의는 이사의 과반수 출석과 출석이사의 과반수의 찬성으로 이루어진다(상법 제391조 제1항). 상법상 자본금 10억 원 미만의 소규모회사임에도 불구하고 이사회가 성립되는 경우(대표이사, 사내이사 포함 이사 3명 이상이 존재하는 경우) 주주의 지분비율과 상관없이 이사의 표결권 행사를 통해 의사결정이 이뤄지게 된다. 따라서 소규모회사의 특례로 주주총회로 이사회 결의사항을 대체하려는 경우 정관상 이사를 2인 이하로 규정하고, 이사회 결의사항을 주주총회 결의사항으로 대

---

93 이정환, "주식회사 이사의 권한, 의무, 책임", 「MAST 칼럼」, 2016. 9. 19.
민법상 비영리 재단법인의 정관에 이사회를 개최하기에 앞서 미리 일정한 기한을 두고 회의 안건 등을 기재한 소집통지서를 발송하도록 하고 있음에도 불구하고 이러한 소집통지에 관한 절차를 거치지 아니한 관계로 그 소집통지를 받지 못한 이사가 참석하지 아니하였고, 이사회를 개최하지도 아니하였으면서 일부 이사들이 이를 개최한 양 의사록만 작성하거나 일부 이사들만이 모여 이사회를 개최하였다면 이러한 이사회의 결의는 존재하지 아니하는 것이거나 당연무효라고 보아야 할 것이며, 이 경우 적법한 소집통지를 받지 못한 이사가 출석하여 반대의 표결을 하였다 한들 이사회 결의의 성립에 영향이 없었다고 하더라도 그 이사회 결의가 당연무효라고 하는 결론에 지장을 주지 아니한다(대법원 1992. 7. 24. 선고 92다749 판결).

체한다는 정관규정이 필요하다.[94]

(3) 각종 소제기권

이사는 상법의 회사편에서 정해진 각종의 소 제기권(주주총회결의 취소의 소, 신주발행 무효의 소 등)을 보유하고 있으므로, 이를 행사할 수 있다(상법 제328조, 제376조 제1항, 제429조, 제445조, 제529조).

5. 감사 또는 감사위원회에 관한 규정

상법은 주식회사의 감사제도를 정함에 있어 기본적으로 주식회사의 자본금총액 기준과 최근 사업연도 말 자산총액 기준 등 그 기준을 달리 적용하여 정하고 있다. 자본금 총액기준만을 적용하여 상법상 주식회사의 감사제도를 살펴보면, 자본금 총액이 10억 원 미만 회사로서 감사를 두지 않은 회사[95]와 감사를 둔 회사[96] 그리고 자본금 총액이 10억 원이상 회사로서 감사를 둔 경우 또는 감사위원회(상법 제415조의2)를 둔 회

---

94 이정환, 전게칼럼.

95 상법은 비상장회사의 경우 자본금 총액 10억 원 미만의 회사인 경우 이사의 수를 3인 미만으로 둘 수 있도록 하여 이사회를 설치하지 않아도 됨과 동시에 감사를 선임하지 않아도 된다고 하여 감사제도 자체를 배제할 수 있도록 하였다(상법 제383조 제1항, 제409조 제4항)[김광록, "상법상 소규모 주식회사의 감사제도에 대한 소고", 「상사판례연구」 제28집 제2권(한국상사판례학회, 2015), 197면].

96 자본금 총액이 10억 원 미만 회사로서 2인 이하의 이사를 둠으로써 이사회를 구성하지 않는 회사는 감사를 두지 않을 수 있으나, 감사의 그 고유기능을 그대로 유지하기를 원하는 경우 여전히 감사를 둘 수 있다. 자본금 총액이 10억 미만 회사가 임의적으로 감사를 두는 경우에도 상법에서 정하는 일반적인 감사에 관한 규정이 그대로 적용된다.

사로 구분할 수 있다.[97]

1) 감사

(1) 직무·권한

상법은 회사의 설립단계에서부터 감사의 선임은 물론 선임된 감사로 하여금 회사설립사무에 대하여 엄격한 조사를 하도록 정하고 있다. 그리고 감사가 이러한 조사의무를 성실히 수행하지 못한 경우에는 발기인과 함께 연대하여 회사 또는 제3자에 대하여 발생한 손해배상책임을 부담한다. 이렇듯 감사는 회사의 설립단계에서부터 매우 중요한 역할과 기능을 수행한다.

감사는 다음과 같은 직무·권한이 있다.

우선, 감사는 이사의 직무의 집행을 감사한다(이사에 대한 직무집행감사권, 상법 제412조 제1항). 이를 위하여 감사는 언제든지 이사에 대하여 영업에 관한 보고를 요구하거나 회사의 업무와 재산상태를 조사할 수 있다(이사에 대한 영업관련사항 보고요구권, 동조 제2항). 또한 감사는 회사의 비용으로 전문가의 도움을 구할 수 있다(전문가에 의한 조력권, 동조 제3항).

감사는 회사에 현저하게 손해를 미칠 염려가 있는 사실을 발견한 이사로부터 보고를 받을 권한이 있다(이사의 보고의무, 상법 제412조의2).

감사는 필요한 경우 회의의 목적사항과 소집의 이유를 기재한 서면

---

[97] 상법은 이에 더하여 상장회사의 경우 최근 사업연도 말 현재의 자산총액이 1천억 원 이상인 경우에는 반드시 상근감사를 두거나 감사위원회를 둘 수 있도록 정하면서, 특히 최근 사업연도 말 현재의 자산총액이 2조원 이상인 경우에는 반드시 감사위원회만을 두도록 정하고 있다(김광록, 전게논문, 178면).

을 이사회에 제출하여 임시총회의 소집을 청구할 수 있다(주주총회 소집 청구권, 상법 제412조의3). 또한 감사는 필요하면 이사회 소집을 청구할 수 있다(이사회 소집청구권, 상법 제412조의4 제1항). 감사의 청구에도 지체 없이 이사회를 소집하지 아니하면 그 청구한 감사가 이사회를 소집할 수 있다(동조 제2항).

감사는 그 직무를 수행하기 위하여 필요한 때에는 자회사에 대하여 영업의 보고를 요구할 수 있다(상법 제412조의5 제1항). 그 경우 자회사가 지체 없이 보고를 하지 않거나 또는 그 보고의 내용을 확인할 필요가 있는 때에는 자회사의 업무와 재산상태를 조사할 수 있다(자회사에 대한 조사권, 동조 제2항).

감사는 이사가 주주총회에 제출할 의안 및 서류를 조사하여 법령 또는 정관에 위반하거나 현저하게 부당한 사항이 있는지의 여부에 관하여 주주총회에 그 의견을 진술하여야 한다(조사 · 보고의 의무, 상법 제413조). 감사는 감사에 관하여 감사록을 작성하여야 한다(상법 제413조의2).

감사가 그 임무를 해태한 때에는 그 감사는 회사에 대하여 연대하여 손해를 배상할 책임이 있다(상법 제414조 제1항). 감사가 악의 또는 중대한 과실로 인하여 그 임무를 해태한 때에는 그 감사는 제3자에 대하여 연대하여 손해를 배상할 책임이 있다(동조 제2항).

(2) 선임

감사는 주주총회에서 선임한다(상법 제409조 제1항). 이때 의결권 없는 주식을 제외한 발행주식의 총수의 100분의 3(정관에서 더 낮은 주식 보유비율을 정할 수 있으며, 정관에서 더 낮은 주식 보유비율을 정한 경우에는 그 비율로 한다)을 초과하는 수의 주식을 가진 주주는 그 초과하는 주식에 관하여 의결권을 행사하지 못한다(동조 제2항).

최근 사업연도 말 현재의 자산총액이 1천억 원 이상인 상장회사는 주주총회 결의에 의하여 회사에 상근하면서 감사업무를 수행하는 감사(이하 "상근감사"라고 한다)를 1명 이상 두어야 한다(상법 제542조의10 제1항).[98]

또한, 상법은 상장회사는 주주총회의 소집통지 또는 공고 시에 반드시 감사 후보자의 성명, 약력, 추천인, 후보자와 최대주주와의 관계, 후보자와 해당 회사와의 최근 3년간의 거래 내역에 관한 사항을 통지하거나 공고하도록 하고 있다(상법 제542조의4 제2항, 상법 시행령 제31조 제3항). 이때 회사는 이렇게 통지 또는 공고한 후보자 중에서만 감사를 선임하여야 하며, 그 외의 자에 대해서는 감사로 선임할 수 없다(상법 제542조의5).

(3) 임기

감사의 임기는 취임 후 3년 내의 최종의 결산기에 관한 정기총회의 종결 시까지로 한다(상법 제410조). 즉, 감사의 임기의 시작은 취임한 때이며, 그 종료일은 취임 후 3년 내에 도래하는 최종의 결산기에 관한 정기주주총회의 종결 시이다.

이 규정 때문에 감사의 임기는 3년보다 길거나 짧을 수 있다. 예를 들어, 12월 결산법인의 감사의 임기를 계산하면 다음과 같다. 감사가 2019년 1월 12일 취임했다면 그의 임기는 취임 후 3년째가 되는 2022년 1월 12일 내의 최종의 결산기, 즉, 2021년 12월 31일이 결산기가 되며, 이 결산기의 정기주주총회는 2022년 3월에 개최되는 바, 이 정기주주총회일이 감사의 임기의 만료일이며, 이 정기주주총회에서 새로 감사를 선임해야 한다.

98　또는 감사위원회를 설치할 수도 있다(상법 제542조의10 제1항 단서).

만약 2019년 12월 12일에 감사가 선임되었다면 그 감사의 임기는 취임한 날로부터 3년째가 되는 2022년 12월 12일 내의 2021년 12월 31일이 마지막 결산기가 되며 2022년 3월 중의 정기주주총회일이 감사의 임기의 만료일이다.[99]

감사의 임기는 이처럼 법률로써 확정된 것으로 3년 내의 범위에서 정관으로 자유롭게 정할 수 있는 이사의 임기와는 다르다(상법 제383조 제2항 참조).

(4) 자격

상법은 감사의 자격에 대해서 특별히 따로 규정하지 않고 있다. 따라서 감사는 회사 및 자회사의 이사 또는 지배인 기타의 사용인의 직무를 겸하지 못하는 것 이외에는 별다른 제한이 없다(겸임금지, 상법 제411조). 다만 감사도 이사와 마찬가지로 회사와는 위임관계에 있으므로 미성년자, 피성년후견인 또는 피한정후견인이나 파산선고를 받고 복권되지 않은 자 등은 감사자격이 없다고 할 것이다(상법 제542조의8 제2항 참조).

(5) 원수(員數)

법률 또는 정관에 정한 감사의 원수를 결한 경우에는 임기의 만료 또는 사임으로 인하여 퇴임한 감사는 새로 선임된 감사가 취임할 때까지 감사의 권리의무가 있다(상법 제415조 → 제386조 제1항).

99　합병으로 인하여 회사의 일방이 존속하는 경우 존속하는 회사의 감사로서 합병 전 취임한 자는 합병계약서에 다른 정함이 있는 경우를 제외하고는 합병 후 최초로 도래하는 결산기의 정기주주총회가 종료하는 때가 감사의 임기만료일이다(관리자, "감사의 임기", 가자 M&A, 2006. 6. 1. 〈http://www.gajamna.com/contents/bubin_req_view.asp?board_id=tot&idx=230&page=4&key=&word=&board_group=2〉).

회사의 감사가 장기 입원한 경우 감사직무집행자의 선임방법[100]

Q 저희 회사는 정기주주총회 회의일을 앞두고 한 분만 있던 감사가 중병으로 입원하여 당분간 그 직무를 수행할 수 없게 되었습니다. 총회에 앞서 감사가 재무제표를 본 후 그 보고서를 작성·제출하여야 하는데, 어떻게 하면 좋겠습니까?

A 임시주주총회를 소집하여 감사를 보선하여야 할 것이지만(상법 제409조) 주주총회를 열려면 상당한 시일도 필요하고 때로는 많은 비용과 노력이 필요합니다. 이러할 때에는 부득이 법원에 일시감사의 직무를 행할 자를 선임하여 달라고 신청하여야 할 것입니다. 상법 제386조 제2항을 보면 이사의 원수(員數)를 결한 경우 필요하다고 인정되면 이사, 감사, 기타 이해관계인의 청구에 의하여 법원이 일시이사의 직무를 행할 자를 선임할 수 있도록 규정되어 있으며, 이 규정이 같은 법 제415조에 의하여 감사에도 준용됩니다. 이사회의 경우에 이사의 원수(員數)를 결하면 이사회는 그 기능을 할 수가 없습니다. 이사 전원이 결원인 경우도 있겠고 일부가 결원으로 이사 정수에 미달인 경우도 있겠습니다. 이때에 법원이 후견적인 위치에서 일시이사 직무집행자를 선임하도록 하는 것이 위 조문의 취지라 하겠습니다. 그리고 법원이 일시이사의 직무를 행할 자를 선임할 수 있는 요건인 같은 법 제386조 제2항 소정의 '필요한 때'의 의미 및 그 판단 기준에 관한 판례를 보면, "상법 제386조에서 필요한 때라 함은 이사의 사망으로 결원이 생기거나 종전의 이사가 해임된 경우, 이사가 중병으로 사임하거나 장기간 부재중인 경우 등과 같이 퇴임이사로 하여금 이사로서의 권리·의무를 가지게 하는 것이 불가능하거나 부적당한 경우를 의미한다고 할 것이나, 구체적으로 어떠한 경우가 이에 해당할 것인지에 관하여는 일시이사 및 직무대행자제도의 취지와 관련하여 사안에 따라 개별적으로 판단하여야 할 것이다"라고 하였습니다(대법원 2001. 12. 6. 선고 2001그113 판결, 대법원 2000. 11. 17. 2000마5632 결정).

---

100 법률정보, "회사의 감사가 장기 입원한 경우 감사직무집행자의 선임방법", 「법률신문」
https://www.lawtimes.co.kr/legal-info/Legal-Counsel-View?serial=2671

또한, 일시이사 및 일시 대표이사의 자격에 관하여 판례는 "주식회사의 이사 및 대표이사 전원이 결원인 경우에 법원이 선임하는 일시이사 및 일시 대표이사의 자격에는 아무런 제한이 없으므로 그 회사와 이해관계가 있는 자만이 일시이사 등으로 선임될 자격이 있는 것이 아니다"라고 하였습니다(대법원 1981. 9. 8. 선고 80다2511 판결).

감사의 경우에는 감사가 한 명도 없거나 있더라도 장기 해외여행이나 사안과 같이 신병으로 그 기능을 못할 경우가 바로 이에 해당합니다. 감사가 한 명도 없는 경우는 이사 전원이 결원인 경우와 같고, 그 나머지 경우는 이사 일부가 결원인 경우와 같다고 할 것이며, 일시이사 등에 관한 위 판례는 일시감사 선임의 경우에도 그 기준이 될 것으로 보입니다.

2) 감사위원회

회사는 정관이 정한 바에 따라 감사에 갈음하여 제393조의2의 규정에 의한 위원회로서 감사위원회를 설치할 수 있다. 감사위원회를 설치한 경우에는 감사를 둘 수 없다(상법 제415조의2 제1항). 감사위원회는 주식회사에서 감사를 대신하는 기구로서 구성원인 감사위원은 이사 중에서 선임된다. 그런 의미에서 감사보다는 독립성이 덜하다고 할 수 있다.

감사위원은 이사로의 지위를 기초로 하므로 이사회의 구성원으로서 집행기관의 일부이다. 따라서 이사회 결의 시 이사로서 참여하게 된다.

감사위원회는 이사회 및 집행기관과 타 부서로부터 독립된 위치에서 감사직무를 수행하여야 하며, 감사직무를 수행함에 있어 객관성을 유지하여야 한다.[101]

---

[101] 이사회는 이사회 내 위원회가 결의한 사항에 대하여 다시 결의할 수 있다(상법 제393조의2 제4항). 그러나 감사위원회의 결의사항에 대하여는 다시 결의할 수 없다(상법 제415조

(1) 직무·권한

회사는 정관이 정한 바에 따라 감사에 갈음하여 감사위원회를 설치할 수 있다(상법 제415조의2 제1항). 따라서 감사위원회의 직무·권한은 원칙적으로 감사의 직무·권한과 동일하다.

(2) 선임

비상장회사와 최근 사업연도 말의 자산총액이 1천억 원 미만인 회사는 감사제도와 감사위원회를 선택할 수 있다. 감사위원회를 선택한 경우 반드시 정관에 규정을 두어야 한다(상법 제415조의2 제1항). 이때 감사위원 선임은 이사회에서 하며 주주총회에서 선임된 이사 중에서 감사위원을 선임한다. 1천억 원 이상 상장회사의 경우 상근감사를 두는 대신에 임의로 감사위원회를 설치할 수 있으며, 회사가 임의로 감사위원회를 두는 경우에는 상근감사를 두지 않아도 된다(상법 제415조의2 제1항).

최근 사업연도 말의 자산총액이 1천억 원 이상 2조 원 미만인 회사와 대규모 상장회사(자산총액이 2조 원 이상인 상장회사)는 감사위원을 선임하는 경우 이사회에서 선임하지 않고 주주총회에서 선임한다(상법 제542조의12 제1항). 대규모 상장회사(최근 사업연도 말 현재의 자산총액이 2조 원 이상인 상장회사)의 경우에는 주주총회에서 이사를 선임한 후 선임된 이사 중에서 감사위원회 위원을 선임하여야 한다. 다만, 감사위원회 위원 중 1명(정관에서 2명 이상으로 정할 수 있으며, 정관으로 정한 경우에는 그에 따른 인원으로 한다)은 주주총회 결의로 다른 이사들과 분리하여 감사위원회 위원이 되는 이사로 선임하여야 한다(동조 제2항). 감사위원회 위원을 선임 또

___

의2 제6항)(한국공인회계사회/삼정회계법인 감사위원회 지원센터, 「감사위원회 운영 가이드라인」, 2020, 15면).

는 해임할 때에는 상장회사의 의결권 없는 주식을 제외한 발행주식총수의 100분의 3(정관에서 더 낮은 주식 보유비율을 정할 수 있으며, 정관에서 더 낮은 주식 보유비율을 정한 경우에는 그 비율로 한다)을 초과하는 수의 주식을 가진 주주(최대주주인 경우에는 사외이사가 아닌 감사위원회 위원을 선임 또는 해임할 때에 그의 특수관계인, 그 밖에 대통령령으로 정하는 자가 소유하는 주식을 합산한다)는 그 초과하는 주식에 관하여 의결권을 행사하지 못한다(동조 제4항).[102]

상장회사 중 최근 사업연도 말의 자산총액이 1천억 원 이상 2조 원 미만인 회사는 상근감사를 두거나 감사위원회 중 하나를 둘 수 있는데 감사위원회를 두는 경우 대규모 상장회사(자산총액이 2조 원 이상인 회사)와 같은 절차에 의하여야 한다(상법 제542조의10 제1항 단서 참조).

(3) 임기

감사위원은 그 신분이 이사이므로 그 임기에 대해서는 상법에 별도의 규정이 없다. 따라서 정관에 감사위원의 임기에 대한 별도의 규정이 있으면 그 규정에 따르고 정관에 규정이 없으면 선임기관인 이사회 또는

---

[102] 2020년 12월 9일 국회에서 상법 개정안이 통과되었다. 개정법의 내용 중 가장 항간의 관심을 끈 내용 중 하나는 감사위원의 분리선출이었다. 개정 전 법은 이사를 먼저 선임한 후 이사 중에서 감사위원을 선임하도록 규정하고 있어 이사 선임 단계에서 대주주의 의결권이 제한되지 않아 대주주의 의사에 부합하는 이사만 감사위원 후보자로 선임된다는 지적이 있었다. 개정 상법은 감사위원 중 1명 이상을 이사 선출단계에서부터 다른 이사와 분리하여 별도로 선출하도록 했다. 또 상장회사가 감사위원회 위원 및 감사를 선임하는 경우, ▲사외이사가 아닌 감사위원 선·해임 시 최대주주는 특수관계인 등을 합산하여 3%, 일반주주는 3%를 초과하는 주식에 대하여 ▲사외이사인 감사위원 선·해임 시 모든 주주는 3%를 초과하는 주식에 대하여 의결권을 행사하지 못하도록 제한했다. 이른바 「의결권 3%룰」을 완화한 것이다(김덕성, "다중대표소송·감사위원 분리선출제 도입", 「리걸타임즈」, 2020. 12. 11. https://www.legaltimes.co.kr/news/articleView.html?idxno=57220.

주주총회의 결정에 따른다.

선임기관에서 임기를 정하지 않은 경우에는 이사의 임기(3년을 초과하지 못하나 임기 중의 최종의 결산기에 관한 정기주주총회의 종결 시까지 연장할 수 있음) 내에서 감사위원으로서의 업무를 수행한다.

감사위원으로서의 임기보다 이사로서의 임기가 단기인 경우에는 감사위원의 임기는 이사의 임기만료로 인해 종임된다.[103]

(4) 자격

감사위원의 자격은 우선적으로 상법 제415조의2에 따른 감사위원회의 감사위원의 자격을 충족하여야 한다. 따라서 감사위원회의 감사위원은 3명 이상으로 구성되어야 하며, 위원 중 3분의 2 이상은 사외이사이어야 한다(상법 제542조의11 제2항, 제415조의2 제2항). 그리고 감사위원 중 최소한 1명은 회계 또는 재무전문가이어야 하며, 특히 감사위원회의 대표는 사외이사이어야 한다(상법 제542조의11 제2항).

(5) 원수

감사위원회는 이사회 내 위원회 중의 하나지만 일반 위원회가 2명 이상임에 반해 3명 이상이어야 하며 사외이사가 위원의 3분의 2 이상이어야 한다(상법 제415조의2 제2항 참조).

그리고 대표 감사위원을 정하여야 하며 상장회사의 대표 감사위원은 사외이사여야 한다(상법 제542조의11 제2항 제2호).

---

103 김재호, "감사위원회제도에 관한 실무적 이해", 「상장」 2011년 8월호(한국상장회사협의회, 2011), 83면.

6. 이사회에 관한 규정

이사회(Board of Directors)는 주식회사의 필요·상설적 법정기관으로 그 설치가 강제되고 있으며, 회사의 업무집행에 관한 의사결정 및 이사의 직무집행을 감독하는 정기 또는 임시의 회의형식으로 활동함에도 불구하고 그 존재 자체는 상설적 성질을 지닌다.

이사회는 회사의 이사 전원으로 구성되며, 이사는 별도의 절차 없이 당연히 이사회의 구성원이 된다. 여기에서 이사란 주주총회에서 선임된 법률상의 등기이사만을 의미한다.[104] 그러므로 회장, 부회장, 전무, 상무, 이사대우 등의 직함을 가지고 있더라도 주주총회에서 선임되지 않은 자(법률상 이사가 아닌 자)는 이사회의 구성원이 될 수 없다(상법 제382조 제1항).[105]

다만 감사는 이사회에 출석하여 의견진술을 할 수 있지만(상법 제391조의2 제1항) 이사회의 구성원이 되는 것은 아니다.

1) 소집권자

이사회의 소집은 각 이사가 하며, 이사회의 결의로 소집할 이사를 따로 정할 수 있다(상법 제390조 제1항). 그러나 이 경우에도 소집권자가 아닌 이사는 언제든지 소집권자인 이사에게 이사회 소집을 요구할 수 있으며, 소집권자인 이사가 정당한 이유 없이 이사회 소집을 거절할 경우

---

104 이사는 주주총회에서 선임한다. 이사의 성명과 주민등록번호는 회사등기부에 등기된다. 이렇게 상법 규정에 따라 주주총회에서 선임한 이사를 '등기이사'라고 한다. 이에 비해 상법상 이사는 아니지만 단지 회사가 이사라는 직함을 준 사람을 '비등기 이사'라고 부른다.

105 회사의 사정에 따라 이러한 자들을 이사회에 참석할 수 있도록 하는 것은 무방하지만 이사회의 의결권이 없다.

에는 다른 이사도 이사회를 소집할 수 있다(동조 제2항).

2) 소집절차

이사회를 소집함에는 회일을 정하고 1주간 전에 각 이사 및 감사에 대하여 통지를 발송하여야 한다. 이 기간은 정관으로 단축할 수 있다(상법 제390조 제3항). 또한, 이사회는 이사 및 감사 전원의 동의가 있으면 이와 같은 절차를 생략하고 언제든지 회의를 개최할 수 있다. 이는 회사 업무집행의 의사결정을 보다 기동성 있게 할 수 있도록 하고자 한 것이다. 이사 및 감사 전원의 동의는 회의 때마다 요구하지 않고 이사회규칙에 이사회 일시를 정해둔다든지 또는 이사회에서 전원 동의로 다음 이사회의 일시를 정한다든지 하여 사전에 동의를 얻어놓고 소집통지 없이 회의할 수 있다.[106] 하지만 일부 이사에게는 통지하지 않고 회의를 소집하여 결의한 것은 무효이며 통지를 받지 못한 이사가 출석하여 반대하였더라도 결의에 영향을 미치지 않았을 것이라는 가정이 성립되어도 역시 무효이다.[107] 일체 경영에 참가한 일 없이 항상 다른 이사에게 결정을 위임하고 의사록에 날인만 해주던 이사에게 소집통지를 하지 않고 개최한 이사

---

106 정상진, "이사회제도", 「상장」 2005년 12월호(한국상장회사협의회, 2005), 106면.

107 민법상 비영리 재단법인의 정관에 이사회를 개최하기에 앞서 미리 일정한 기한을 두고 회의 안건 등을 기재한 소집통지서를 발송하도록 하고 있음에도 불구하고 이러한 소집통지에 관한 절차를 거치지 아니한 관계로 그 소집통지를 받지 못한 이사가 참석하지 아니하였고, 이사회를 개최하지도 아니하였으면서 일부 이사들이 이를 개최한 양 의사록만 작성하거나 일부 이사들만이 모여 이사회를 개최하였다면 이러한 이사회의 결의는 존재하지 아니하는 것이거나 당연무효라고 보아야 할 것이며, 이 경우 적법한 소집통지를 받지 못한 이사가 출석하여 반대의 표결을 하였다 한들 이사회 결의의 성립에 영향이 없었다고 하더라도 그 이사회 결의가 당연무효라고 하는 결론에 지장을 주지 아니한다(대법원 1992. 7. 24. 선고 92다749 판결).

회를 유효하다고 본 판례가 있다.[108] 그러나 부적법한 통지에 의하여 개최된 이사회라 하더라도 이사와 감사 전원이 출석하여 동의하였다면 이사회의 결의는 유효하다.

소집통지의 방법에는 서면에 의한 통지이든 전화, 구두 등에 의한 통지이든 제한이 없다. 통지에는 회의일시와 장소를 표시하여야 하지만 회의의 목적사항을 달리 밝힐 필요는 없다. 이사회의 경우에는 주주총회와 달리 업무집행에 관한 제반사항이 의제로 되는 것을 당연히 예상할 수 있기 때문이다.

상법에서는 소집통지를 발신주의로 규정하고 있으므로 이사회의 소집통지는 소정기간 내에 발송만 하면 될 뿐 소집통지서가 이사에게 반드시 도달되어야 하는 것은 아니다(상법 제390조 제3항).[109]

3) 권한

이사회는 주주총회에서 선임한 이사들로 구성되고 주주총회는 회사의 최고 의사결정기관이므로 이사회가 주주총회의 하부기관으로 인식되기 쉽다. 그러나 이사회는 상법이 정한 고유의 권한을 가진 「독립기관」이므로 그 법적 권한에 속하는 사항에 관해서는 주주총회의 지시ㆍ감독을 받지 않고 각 이사의 자기책임 하에 임무를 수행한다. 그러므로 이사회가 결의한 사항을 주주총회의 결의로 번복하거나 무효로 할 수는 없다.

---

108 대법원 1992. 7. 24. 선고 92다749 판결.

109 이사회를 소집함에는 회일을 정하고 그 1주간 전에 각 이사 및 감사에 대하여 통지를 발송하여야 한다. 그러나 그 기간은 정관으로 단축할 수 있다.

또한, 이사회는 주주총회의 권한 사항을 제외한 일체의 업무집행사항에 대하여 결정권을 갖는다(상법 제361조, 제393조 제1항). 이들 권한사항 중 상법이 개별적·구체적으로 이사회 결의를 거치도록 규정하고 있는 사항은 대표이사에게 위임하지 못하고 반드시 이사회가 스스로 결정하여야 한다(상법 제398조 등). 그 밖의 업무집행사항에 대하여는 상법 제393조 제1항이 규정하는 바에 따른다. 즉, 중요한 자산의 처분·양도, 대규모 자산의 차입 등 '중요한 업무집행사항'에 대하여는 정관 등에 의해서도 이를 대표이사에게 위임하지 못하고 이사회 결의로 정하여야 한다(상법 제393조 제1항). 반대로 중요하지 않은 업무집행사항에 대하여는 달리 정관(이사회규칙이나 이사회 결의를 포함한다)의 정함이 없는 한 이사회의 대표이사 선임 시 이를 같이 위임한 것으로 추정하거나 해석하여야 한다. 그러나 중요하지 않은 사항이더라도 개별 회사의 정관 등으로 이사회 결의사항으로 유보할 수 있고(정관자치), 이때 해당 사항은 대표이사에게 위임하지 못하고 이사회 스스로 결정하여야 한다.[110]

(1) 권한의 범위

이사회는 법령이나 정관에 의하여 주주총회의 권한으로 되어 있는 사항을 제외하고 회사의 업무집행에 관한 모든 사항에 관하여 의사결정권을 가진다. 회사의 업무집행이란 회사의 영업에 관한 제반사항을 처리하는 것이며 그것은 계약의 체결과 같은 법률행위뿐만 아니라, 장부의 기입·사용인의 지휘 등 사실행위를 포함한다. 그러나 정관의 변경·회사의 합병·회사의 해산 등과 같이 회사존립의 기초에 관한 사항은 업무

---

110 권기범, "이사회와 대표이사의 권한 분장", 「인권과정의」 2010년 8월호(2010), 43면.

집행의 범위에 포함되지 않고, 업무집행에 해당되는 사항도 법률에 의하여 주주총회의 권한으로 유보되어 있는 사항도 있다.

(2) 권한의 유형

① 업무집행결정권

회사의 업무집행은 이사회의 결의로 한다(상법 제393조 제1항). 업무집행이라 하면 회사 운영에 관련되는 모든 사무를 지칭한다고 볼 수 있으나, 그중에는 성질상 주주의 의사가 반영되어야 할 것도 있고, 사안의 중대성으로 인하여 주주의 의사를 존중해야 할 것도 있다.[111]

② 이사회의 감독권

이사회가 감독하는 것은 「이사의 직무의 집행」에 관한 것이며, 대표이사 및 업무담당이사가 행하는 직무집행이 그 대상이 된다. 이사회의 감독권한은 감사의 감독권한과 달리 단순히 이사의 위법한 직무집행에 대한 감독, 시정에 그치지 않고, 그 타당성에까지 미친다(타당성 감사). 이사회는 대표이사 또는 업무담당이사가 행하는 직무집행에 대해서 적절한 결정을 내리고 필요한 지시나 주의를 주기도 하지만 대표이사 또는 업무담당이사가 위법 또는 부당한 직무집행을 할 때에는 대표이사직이나 담당업무직에서 해임할 수도 있다. 이러한 감독권한의 행사는 이사의 권한인 동시에 이사회를 구성하는 각 이사의 직무이기도 하기 때문에

---

111 업무집행행위는 이사의 고유권한으로서 수행하는 것, 이사회의 결의에 의하는 것, 주주총회의 결의에 의하는 것이라는 세 가지 유형이 있다(한국상장회사협의회, 「사외이사제도의 이해와 실무」, 2011. 11, 20면).

이사회가 그 감독권을 적절히 행사하지 아니한 때에는 각 이사에 관하여 회사에 대한 주의의무 해태의 책임이나 제3자에 대한 책임의 문제가 발생한다.

감독권의 행사는 이사회의 지위에서 할 수 있는 것이므로 실제 감독권을 행사하기 위해서는 이사회를 소집하여야 한다. 이를 위해 별도의 이사회 소집을 할 수도 있지만 다른 의안을 위해 소집된 이사회에서 감독권을 발동할 수도 있다.

이사의 보고를 청취하거나 이사에게 질문하는 것은 이사회에서 개별적인 이사의 자격으로 할 수 있으나 일정한 행위의 중지 · 시정 등을 지시하는 능동적인 감독행위는 이사회의 결의를 거쳐야 한다.[112]

(3) 이사·이사회의 정보접근권

이사회는 감독권을 행사하여 대표이사 등 이사들에게 정보를 요구할 수 있으며, 각 이사도 감시권을 행사하여 대표이사 등 다른 이사에게 정보를 요구할 수 있다.

이사는 대표이사로 하여금 다른 이사 또는 피용자의 업무에 관해 이사회에 보고할 것을 요구할 수 있으며(상법 제393조 제3항), 동시에 이사회에 대한 정보제공을 강행적으로 보장하기 위하여 이사(대표이사)는 3개월에 1회 이상 업무의 집행상황을 이사회에 보고하도록 함으로써 이사회가 최소 3월에 1회 이상 소집되도록 강제하고 있다(동조 제4항).

이사의 정보요구에 대해 대표이사는 기업비밀을 이유로 정보제공을 거절하지 못하며, 역시 기업비밀을 이유로 이사회에 대한 보고에서

---

112 정상진, 전게자료, 105면.

제외할 수 없다. 각 이사에게는 기업비밀이 누설되지 않도록 비밀준수의
무가 있다(이사의 비밀유지의무, 상법 제382조의4).

(4) 중요재산의 처분·대규모 재산의 차입, 지배인의 선임·해임, 지점의 설치·이전·폐지

상법 제393조 제1항에서는 회사의 업무집행과 더불어 지배인의 선
임 · 해임, 지점의 설치 · 이전 · 폐지를 이사회에서 결정하도록 규정하고
있다. 지배인이나 지점에 관한 사항들도 업무집행의 일부이므로 이사회
의 권한을 추가하는 의미가 있는 것은 아니다. 다만, 지배인의 선임 · 해
임, 지점의 설치 · 이전 · 폐지는 보기에 따라서는 대표이사의 일상적인
업무집행권에 포함되는 것으로 이해될 소지가 있으므로 이사회의 결의
없이 대표이사가 단독으로 할 수 없음을 주의적으로 규정한 것에 불과하
다. 즉, 이사가 지점장 · 공장장 · 영업본부장 등의 사용인을 겸하는 경우
에는 선임과 해임은 이사회 결의로 해야 한다. 그리고 재산의 처분이나
자금의 차입은 일상적인 업무로서 대표이사의 권한에 속하지만, 특히 중
요한 재산을 처분하거나 대규모의 자금을 차입하는 것은 일상적인 업무
가 아니므로 이사회의 결의로 해야 한다(상법 제393조 제1항).

(5) 기타 고유권한

이사의 경업승인(상법 제397조 제1항), 이사와 회사 간의 거래의 승인
(동조 제2항), 주주총회에 의안으로 상정되는 재무제표와 영업보고서의
승인(상법 제447조 제1항), 주주총회의 소집(상법 제362조), 사채발행(상법 제
469조 제1항) 등은 단순히 「이사회가 결정한다」 또는 「이사회의 결의에
의하여 (한다)」라고 규정하고 있다. 이 규정들은 주주총회와의 권한배분

관계상 상법이 명문으로 인정한 이사회의 고유한 권한사항이며 정관의 규정으로도 주주총회의 결의사항으로 할 수 없다.

(6) 주주총회의 권한으로 전환할 수 있는 사항

대표이사의 선정, 신주발행, 준비금의 자본전입, 전환사채의 발행, 신주인수권부사채의 발행 등은 원칙적으로 이사회의 권한이지만 정관에 규정을 두어 주주총회의 권한으로 전환할 수 있다.

4) 의장

이사회의 의장은 대표이사가 맡는 것이 보통이다. 미국에서 엔론사 파산 이후 대기업의 회계부정이 잇달아 적발되면서 이사회의 독립성을 강화하는 방향으로 기업지배구조 개선에 대한 요구가 거세게 제기되었다. 이사회의 독립성이 강화되면 경영진에 대한 감시가 강화되면서 경영진의 부정행위를 예방할 수 있을 것으로 기대되었기 때문이다. 이사회의 독립성 강화에 대한 투자자들의 요구가 증가하면서 CEO와 이사회 의장을 분리하려는 미국기업의 움직임이 확산되고 있다.[113]

---

113 이한득, "CEO와 이사회 의장의 분리", 「LG주간경제」 2004. 4. 21, 37면; 이사회가 최고 경영자에 대한 감시기능을 확실하게 하기 위해서는 이사회 의장(chairman)과 최고경영자(chief executive officer)가 명백히 분리될 필요성이 있다는 논의가 최근 많이 제기되고 있고, 실제 여러 나라에서 이를 법규로 강제하고 있는 사례가 증가하고 있다[권태균, "OECD 기업지배구조원칙 개정작업 현황과 전망", 「OECD FOCUS」 2003년 9월호(대외경제정책연구원, 2003), 29면].
의장과 CEO가 분리된 상황에서도, 의장과 CEO 모두 각자의 임무와 책임에 대해 분명히 파악할 필요가 있다. 이론적으로는 CEO는 회사와 경영진의 리더이고 의장은 이사회의 리더이다. 의장과 CEO 모두 누가 어떤 임무를 맡을 것인지 분명히 이해하는 것은 무척 중요하다[콜린 카터 외, 보스턴컨설팅 그룹 옮김, 「이사회 원점에서 시작하라」(쓰리메카닷컴,

5) 결의방법

이사회 결의는 과반수출석과 출석이사 과반수로 한다(상법 제391조 제1항). 그러나 정관으로 그 비율을 높게 정할 수 있다(동조 단서). 그리고 이사회 결의에 특별한 이해관계를 가진 이사는 의결권이 없다(상법 제391조 제3항, 제368조 제3항). 예를 들면, 이사가 자기거래(상법 제398조)를 하고자 할 때, 당해 이사는 이를 승인할 것인지를 다루는 결의에는 참여하지 못한다. 의결권을 행사할 수 없는 이사는 이사회의 성립정족수(과반수 출석)에는 포함되나 의결정족수의 계산에서는 출석이사 속에 산입하지 아니한다. 이사는 그의 직책상 스스로 회의에 출석하여 토의하고 결의하여야 하므로 의결권의 대리행사는 허용되지 않는다는 것이 통설과 판례의 태도이다. 구체적인 회의를 요하는 점에서 서면결의도 불가능한 것으로 본다. 그러나 정관에서 달리 정하는 경우를 제외하고 이사회는 이사의 전부 또는 일부가 직접 회의에 출석하지 아니하고 모든 이사가 음성을 동시에 송수신하는 원격통신수단에 의하여 결의에 참가하는 것을 허용할 수 있다(상법 제391조 제2항 1문). 이 경우 당해 이사는 이사회에 직접 출석한 것으로 본다(상법 제391조 제2항 2문). 동영상을 송수신하지 않고 음성만을 송수신하는 방법에 의해서도 이사회가 결의할 수 있도록 허용하고 있는 것이다.

2007), 301면].

6) 의사록

이사회의 의사에 관하여는 의사록을 작성하고 출석한 이사 및 감사
가 기명날인 또는 서명해야 한다(상법 제391조의3 제1항, 제2항). 주주는 영
업시간 내에 이사회 의사록의 열람 또는 등사를 청구할 수 있는데(동조
제3항), 회사는 주주의 이러한 청구에 대하여 이유를 붙여 거절할 수 있
다. 이 경우 주주는 법원의 허가를 얻어야만 이사회 의사록을 열람하거
나 등사할 수 있다(동조 제4항).

7. 계산에 관한 규정

1) 영업연도

회사는 매년 1회 일정 시기에 정기총회를 소집하여야 한다(상법 제
365조 제1항). 따라서 영업연도는 1년을 초과할 수 없다. 영업연도는 1년
으로 하는 것이 보통이지만 2회 이상 이익의 배당을 하는 회사에 있어서

는 매 결산기에 총회를 소집하여야 한다(동조 제2항). 여기서 영업연도란 기간을 나타내는 것이며, 결산기는 영업연도의 말일을 뜻하는 것이다. 그러므로 회사가 정관에 영업연도를 구체적으로 규정한 경우에는 그 말일이 결산기가 되기 때문에 별도로 정관에 결산기가 언제인가를 밝힐 필요는 없다.

한편, 연 1회의 결산기를 정한 회사는 영업연도 중 1회에 한하여 이사회의 결의로 일정한 날을 정하여 그날의 주주에 대하여 이익을 배당(中間配當)할 수 있음을 정관으로 정할 수 있다(상법 제462조의3 제1항). 상법 제462조의3 제5항에서 상법 제354조 제1항의 규정의 적용에 관하여는 중간배당을 제462조 제1항의 규정에 의한 이익의 배당으로 본다고 규정하고 있어서, 중간배당 기준일에 대해서도 일반적인 기준일 지정에 대한 상법 제354조 제1항이 준용되도록 하고 있다. 결국, 회사 이사회는 일반적인 기준일 지정과 동일하게 중간배당을 받을 자를 정하기 위한 기준일을 정할 수 있다고 할 것이다.[114]

2) 재무제표의 작성

주식회사의 이사(대표이사)는 매 결산기에 재무제표와 그 부속명세서를 작성하여야 한다(상법 제447조 제1항). 여기서 재무제표란 대차대조

---

[114] 그러나 주권상장법인의 분기배당의 경우에는 법률에 그 배당기준일이 정해져 있다. 즉, 연 1회의 결산기를 정한 주권상장법인은 정관으로 정하는 바에 따라 사업연도 중 그 사업연도 개시일부터 3, 6월 및 9월 말일 당시의 주주에게 이사회 결의로써 금전으로 이익배당(분기배당)을 할 수 있다(자본시장법 제165조의12). 그러므로 배당 기준일을 이사회에서 임의로 정할 수 없다[김지평, "주식회사 배당의 실무상 쟁점", 「선진상사법률연구」 제79호 (법무부, 2017), 159면].

표, 손익계산서, 이익잉여금처분계산서 또는 결손금처분계산서를 말한다. 대표이사는 재무제표와 그 부속명세서를 작성하여 이사회의 승인을 얻은 후(상법 제447조의2 제1항) 정기총회 회일의 6주간 전에 감사를 받기 위하여 감사에게 제출하여야 한다(상법 제447조의3).

또한 대표이사는 정기총회 회일의 1주일 전부터 재무제표와 그 부속명세서, 영업보고서 및 감사보고서를 본점과 지점에 비치하고(상법 제448조) 주주총회에 재무제표를 제출하여 그 승인을 받아야 한다(상법 제449조 제1항). 재무제표와 감사보고서를 본점에 5년간, 그 등본을 지점에 3년간 비치하여야 한다(상법 제448조 제1항).

3) 이익의 처분

회사는 매 결산기에 이익을 처분함에 있어서 금전에 의한 이익배당액의 10분의 1 이상을 이익준비금으로 적립하여야 한다(상법 제458조). 이익준비금의 적립한도는 회사자본의 2분의 1에 달할 때까지이다. 그리고 회사는 여러 가지 용도의 임의적립금과 임원의 상여금 등을 공제한 나머지를 주주에게 배당하게 된다. 임의준비금은 회사가 처분할 수 있는 이익 중에서 정관 또는 주주총회의 결의에 의하여 자주적으로 적립하는 준비금이다.[115] 임의준비금의 적립목적은 별도적립금과 같이 특정되지 않는 것도 있으나 사업확장적립금, 감채적립금, 배당평균적립금, 결손전보적립금 등과 같이 특정된 것도 있다. 차기이월금도 임의준비금에 속한다.

---

115 이에 대하여 상법 제458조의 이익준비금과 제459조의 자본준비금은 준비금의 적립을 강제하고 있는데 이를 법정준비금이라고 한다.

4) 이익배당금 수령자의 확정

이익배당은 정기주주총회에서 이익배당의 결의를 할 때에 있어서 주주명부에 주주로 기재되어 있는 자에게 지급하는 것이 원칙이다. 그러나 다른 한편으로 이익배당은 그 결산기의 이익을 배당하는 것이므로 그 결산기에 주주명부상의 주주이었던 자에게 지급하는 것이 합리적이라고도 할 수 있다. 이러한 문제점을 해결하기 위하여 상법은 일정한 기간 동안 주주명부를 폐쇄하여 배당을 받을 수 있는 자로 확정하거나, 일정한 시점에 주주명부상의 주주를 배당받을 수 있는 자로 확정하는 기준일 제도를 인정하고 있다(상법 제354조 제1항). 주주명부의 폐쇄기간 또는 기준일을 정한 때에는 그 기간 또는 날의 2주간 전에 이를 공고하여야 한다. 그러나 정관으로 그 기간 또는 날을 지정한 때에는 그러하지 아니하다(동조 제2항).

실제에 있어서는 정관에 결산일을 이익배당의 기준일로 설정하여 결산기 현재의 주주가 이익배당을 받는 것으로 정하고 동시에 결산기의 익일부터 주주총회 종결일까지 주주명부를 폐쇄하여 이익배당을 받을 자와 주주총회에서 의결권을 행사할 자를 일치시키는 것이 보통이다.[116]

---

116 예컨대, 12월 말 결산법인인 경우 정기주주총회를 다음 해 2월 25일에 열면서 3월 25일에 배당금을 지급하는 경우, 주주명부 폐쇄는 1월 1일부터 주주총회 종료일까지 하고, 배당금 지급은 2월 25일(기준일) 현재의 주주에게 지급한다고 하면 주주총회에서 의결권을 갖는 주주와 배당금을 수령하는 주주가 일치하게 된다.

5) 배당금청구권의 소멸

주주총회에서 이익잉여금처분(이익배당)의 결의가 있으면 주주는 회사에 대하여 확정된 금액의 배당금지급청구권을 취득하게 된다. 회사는 배당금을 주주총회의 재무제표승인결의가 있은 날로부터 2개월 내에 지급하여야 한다. 그러나 이 기간은 회사의 자금사정에 따라 주주총회의 결의로 연장 또는 단축할 수 있다(상법 제464조의2 제1항).

배당금지급청구권의 행사시점은 주주가 회사에 대하여 배당금의 지급을 실제 청구할 수 있는 때이며, 이는 회사가 상법상 재무제표 승인 후 1개월 이내의 날 중 실제로 배당금을 지급하기로 정한 날이 경과한 때부터이다(상법 제462조의2 제1항). 그러나 회사가 재무제표의 승인 시 배당금의 지급을 위한 특정한 날을 정하지 아니하였다면 배당금지급청구권은 당해 주주총회에서 재무제표를 승인한 후 1개월이 되는 날이 경과하면서 행사할 수 있게 되고, 이때부터 당해 청구권의 소멸시효가 개시된다(상법 제464조의2 제1항).

배당금지급청구권 소멸시효의 기산[117]

Q 6월 결산사인 당사는 2021년 9월 3일(금요일)에 개최한 정기주주총회에서 배당금의 지급을 결의한바, 상법상 배당금지급청구권 소멸시효의 개시일과 완성일은 언제인지요?

---

117 강택신, "배당금지급청구권 소멸시효의 기산", 「상장」 2011년 12월호(한국상장회사협의회, 2011), 122면 참조.

배당금지급청구권은 독립된 금전채권으로서 5년간 이를 행사하지 않으면 시효에 의하여 소멸한다(동조 제2항). 소멸시효는 재무제표의 승인결의 시로부터 2개월이 경과한 때 또는 주주총회의 결의에 의하여 따로 정한 지급시기가 경과한 때로부터 기산한다. 5년의 소멸시효기간은 정관으로도 단축할 수 없다고 본다.

8. 부칙에 관한 규정

부칙에는 정관에 기재하여야 할 사항으로 항구적인 것이 아닌 사항을 기재할 수 있다. 즉, 회사의 설립 시에는 정관에 규정하여야 하지만 회사성립 후에는 삭제하여도 지장이 없는 사항을 부칙에 규정하는 것이

적당하다.[118]

1) 절대적 기재사항 중 부칙에 기재할 수 있는 내용

(1) 회사설립 시에 발행하는 주식의 총수

회사설립 시에 발행하는 주식의 총수는 정관의 절대적 기재사항으로서 원시정관에 반드시 기재하여야 한다(상법 제289조 제1항 제5호). 그러나 회사가 성립한 뒤의 변경정관에는 규정하지 않아도 무방하므로 부칙에 기재할 수 있다. 실제에 있어서는 정관의 「주식」에 관한 장(章)에 기재하는 것이 보통이다. 회사설립 시에 발행하는 주식의 총수에 관하여는 「주식」에 관한 장에서 설명하였으므로 자세한 설명을 생략한다.

(2) 발기인의 성명과 주소

정관에는 발기인의 성명·주민등록번호 및 주소를 기재하여야 한다(상법 제289조 제1항 제8호). 이것은 누가 발기인인가를 명확히 하기 위한 것이다. 따라서 발기인의 동일성을 인식할 수 있는 한 정관의 본문에 기재하지 않고 정관의 말미에 기명날인과 그에 부기한 주민등록번호 및 주소로써 대신할 수도 있다.

발기인의 성명과 주소도 회사설립 시에는 정관에 반드시 기재하여야 하나 설립 후의 정관에는 이를 기재하지 않아도 무방하다. 그러므로 원시정관의 부칙에 기재하였다가 설립 후에 주주총회의 특별결의(출석한 주주의 의결권의 3분의 2 이상의 수와 발행주식총수의 3분의 1 이상의 수)로 삭제할 수 있다.[119]

---

118 이형규, 전게서, 96면.

119 정관 내용이 강행규정 또는 주식회사의 본질에 반하여서는 아니되므로, 정관변경으로 주주의 고유권이나 주주평등의 원칙을 침해하거나 강행법규에 위배되는 경우에는 그 정관변

2) 변태설립사항

변태설립사항이란 회사의 재산적 기초를 위태롭게 할 염려가 많은 사항으로서 「위험한 약속」이라고도 한다. 상법은 발기인이 받을 특별이익에 관한 사항, 현물출자에 관한 사항, 재산인수에 관한 사항, 설립비용과 발기인의 보수에 관한 사항을 변태설립사항으로 규정하여(상법 제290조), 이를 정관에 기재하지 않으면 그 효력이 발생하지 않는 것으로 하였다.

변태설립사항 가운데 발기인이 받을 특별이익 이외의 것은 회사성립 후 어느 정도의 기간이 경과하여 당해 사항에 관한 법률관계가 해결되고 분쟁이 생길 염려가 없게 된 때에는 정관에서 그 사항의 기재를 삭제하여도 무방하기 때문에 부칙에 기재하는 것이 적당하다.

(1) 발기인이 받을 특별이익

발기인이 받는 특별이익도 정관에 기재하여야 한다. 「특별이익」이란 발기인이 회사의 기획자로서 이룩한 공로에 대하여 주어지는 특별한 재산적 이익을 말한다. 보수의 경우와 같이 발기인이 자유롭게 결정하면 회사에 부당한 손해를 주게 될 위험이 있기 때문에 엄격한 절차를 거치지 않으면 안 된다고 되어 있다.

발기인이 받을 특별이익이란 회사설립의 기획자로서 발기인의 공로에 대하여 부여하는 이익이다. 예컨대 이익배당 또는 잔여재산의 분배에 관한 우선권·신주인수에 관한 우선권·회사의 설비이용에 관한 특

경은 무효라 할 것이다[정문호, "정관에 대한 일반적 이해와 정관변경 실무", 「상장」 2010년 10월호(한국상장회사협의회, 2010), 78면].

권 등을 들 수 있다. 그러나 발기인이 가진 주식에 대한 이자의 지급, 주금납입의 면제, 주식의 무상교부 등은 자본충실의 원칙에 위반되므로 허용되지 않는다.

발기인이 받을 특별이익과 이를 받을 자의 성명은 정관에 기재하여야 한다(상법 제290조 제1호). 발기인이 받을 특별이익은 발기인의 공로에 대한 것이므로 평등하여야 할 필요는 없고, 발기인의 일부에 대하여 이를 부여하거나 발기인에 따라 그 종류와 내용을 달리하여도 무방하다. 특별이익은 정관에 다른 규정이 없는 한 양도·상속할 수 있으며, 정관 변경에 의하여도 발기인의 의사에 반하여 이를 박탈할 수 없다.

정관규정의 예

제○○조(발기인이 받을 특별이익) 발기인이 받을 특별이익과 이를 받을 자의 성명은 다음과 같다.

1. 매 결산기에 있어서 이익의 ○퍼센트
2. 특별이익을 받을 자의 성명

　　발기인 ○○○
　　발기인 ○○○

(2) 현물출자

현물출자란 금전 이외의 재산으로써 하는 출자를 말한다. 현물출자는 기존의 기업을 주식회사 형태로 조직하거나 또는 회사에 필요한 재산을 미리 확보하는 데 편리하고, 출자자에게도 재산을 금전으로 환가하여 출자하는 번거로움을 피할 수 있기 때문에 인정되는 것이다. 그러나 현물출자의 경우에는 금전출자의 경우와는 달리 출자의 목적인 재산이 과대평가되어 자본충실을 해칠 염려가 있기 때문에 이를 정관에 반드시 기재하도록 규정하고 있다.

현물출자의 목적이 될 수 있는 재산은 대차대조표상에 자산으로 계상할 수 있는 재산이다. 예컨대 동산 · 부동산 · 채권 · 유가증권 · 특허권 · 광업권 · 주식, 기타 타 회사의 출자지분 · 상호 · 영업상의 비결 등 재산적 가치가 있는 사실관계와 영업의 전부 또는 일부 등을 들 수 있다.

현물출자를 하는 경우에는 정관에 출자자의 성명과 출자의 목적인 재산의 종류 · 수량 · 가격과 이에 대하여 부여할 주식의 종류와 수를 기재하여야 한다(상법 제290조 제2호). 특히 목적물인 재산은 그 동일성을 파악할 수 있도록 구체적으로 특정하여 기재하여야 한다.

정관규정의 예

제○○조(현물출자) 본 회사의 설립 시에 현물출자를 하는 자의 성명과 그 목적인 재산의 종류·수량·가격과 이에 대하여 부여할 주식의 종류와 수는 다음과 같다.

1. 출자자　　　　　발기인 ○○○
2. 출자재산　　　　○○시 ○○구 ○○동 ○○번지
　　　　　　　　　대지 ○○㎡
　　　　　　　　　건물 ○○㎡
3. 목적재산의 가격　금 ○○만 원
4. 부여할 주식　　　보통주식 ○○주

(3) 재산인수

재산인수란 주식회사설립 전에 발기인이 설립 중의 회사를 위하여 회사의 성립을 조건으로 특정인으로부터 일정한 재산을 양수할 것을 약정하는 계약이다. 회사를 설립하고 사업을 전개할 때는 자동차나 부동산 등의 자산이 필요하기 때문에 회사설립 시 계약을 맺어두면 창업이 원활하게 된다. 재산인수는 회사로 하여금 특정한 재산을 취득케 하는 것을 목적으로 하는 점에서 현물출자와 동일하지만 현물출자는 출자의 한 형태로서 단체법상의 행위인 데 대하여, 재산인수는 일반거래의 형식을 취한 개인법상의 계약이라는 점에서 양자는 그 성질이 다르다.

재산을 양수받는 발기인은 회사설립에 필요한 자산을 확보할 수 있다. 자동차나 부동산 등 회사설립 후의 사업에 필요한 자산을 양수하는 계약(매매계약)을 사전에 맺어 두는 것으로 부드러운 창업을 할 수 있다. 그러나 양수받는 재산을 과대하게 평가하여 부당한 대가를 지불하게 되면 회사의 재산적 기초를 해칠 수 있다. 예를 들어, 제3자가 시가총액 500만 원의 차량을 재산인수로 양도하고 회사가 대가로 1,000만 원의 현금을 지급한 경우 500만 원의 현금이 유출되는 것이다.

상법 제290조 제3호는 재산인수로 인하여 양수하는 재산이 과대 평가되면 회사의 재산적 기초를 위태롭게 하고, 현물출자 규제의 잠탈적 수단으로 이용될 가능성을 생각하여 「변태설립사항」으로 정관에 기재하지 않으면 해당 재산인수의 효력이 없다고 규정하고 있다.[120]

재산인수의 목적인 재산은 현물출자의 경우와 같이 대차대조표상의 자산에 계상할 수 있는 것이면 그 종류를 묻지 않는다. 따라서 단순한 채무인수는 재산인수에 해당하지 않지만 적극적 재산과 소극적 재산을 포함한 영업재산을 일괄하여 양수하는 것은 소극적 재산이 적극적 재산에 대하여 어느 정도 대가적 의의를 갖기 때문에 재산인수에 해당한다.

재산인수는 목적재산의 종류 · 수량 · 가격과 그 양도인의 성명을 원시

---

120 또한 현물출자자는 현물출자에 의하여 주식을 취득함으로써 주주가 되지만, 재산인수에 있어서 양도인은 회사에 대하여 거래상의 채권 또는 채무를 취득하게 될 뿐이다.

정관에 기재하여야 그 효력이 있다(상법 제290조 제3호).[121] 정관에 기재하지 않은 재산인수는 회사성립 후에 주주총회의 특별결의에 의하여 승인을 받은 경우에도 유효하지 않고,[122] 회사뿐만 아니라 양도인도 그 무효를 주장할 수가 있다.

정관규정의 예

제○○조(재산인수) 본 회사의 성립 후에 양수할 것을 약정한 재산과 그 가격 및 양도인의 성명은 다음과 같다.

발기인의 보수

1. 양수재산	○○기계 1대
2. 양수가격	금 ○○만 원
3. 양도인의 성명	○○○

---

[121] 상법 제290조 제3호 소정의 "회사성립 후에 양수할 것을 약정"한다 함은 회사의 변태설립의 일종인 재산인수로서 발기인이 설립될 회사를 위하여 회사의 성립을 조건으로 다른 발기인이나 주식인수인 또는 제3자로부터 일정한 재산을 매매의 형식으로 양수할 것을 약정하는 계약을 의미하므로, 당사자 사이에 회사를 설립하기로 합의하면서 그 일방은 일정한 재산을 현물로 출자하고, 타방은 현금을 출자하되, 현물출자에 따른 번잡함을 피하기 위하여 회사의 성립 후 회사와 현물출자자 사이의 매매계약에 의한 방법에 의하여 위 현물출자를 완성하기로 약정하고 그 후 회사설립을 위한 소정의 절차를 거쳐 위 약정에 따른 현물출자가 이루어진 것이라면, 위 현물출자를 위한 약정은 그대로 위 법조가 규정하는 재산인수에 해당한다고 할 것이어서 정관에 기재되지 아니하는 한 무효이다(대법원 1994. 5. 13. 선고 94다323 판결).

[122] 회사성립 후 소유권이전등기의 방법으로 현물출자를 완성하기로 약정하고 회사설립절차를 거쳐 현물출자가 이루어진 것이라면 재산인수에 해당하여 정관에 기재되지 않는 한 무효이나, 현물출자가 동시에 사후설립에 해당하고 이에 대하여 주주총회의 추인이 있었다면 회사는 현물출자로 인한 부동산의 소유권을 취득한다(대법원 1992. 9. 14. 선고 91다33087 판결).

(4) 설립비용

설립비용이란 발기인이 설립 중의 회사의 기관으로서 회사설립을 위하여 필요로 하는 모든 비용을 말한다. 다시 말해서, 설립비용이란 회사의 설립사무의 집행을 위해서 필요한 비용을 말하며, 설립사무소의 임차료, 사무원의 급료·교통비, 수도 및 전기료 등을 말한다.[123] 요컨대, 회사를 설립하는 데 필요한 실질적인 비용을 설립비용이라고 할 수 있다. 따라서 회사설

---

123 그 밖에도 설립비용으로는 예컨대 정관·주식청약서·사업설명서·기타 필요한 서류의

립 그 자체를 위하여 필요하지 않은 개업준비를 위한 비용은 설립비용에 포함되지 않는다. 또한 공장대지의 매입, 기계설비의 구입, 원료의 구입 등 개업준비를 위한 비용은 설립비용에 포함되지 않는다.[124]

설립비용을 정관의 상대적 기재사항으로 한 것은 발기인의 부당한 지출에 의하여 회사의 재산적 기초를 위태롭게 할 염려가 있기 때문에 이를 방지하기 위한 것이다(상법 제290조 제4호). 따라서 설립등기의 등록세는 그 산정에 객관성이 있고 남용의 염려가 없기 때문에 여기에서 말하는 설립비용에 포함되지 않으며 정관에 기재하지 않더라도 당연히 회사가 이를 부담한다.

설립비용으로서 정관에 기재되지 않거나 또는 정관에 기재되어 있더라도 그 기재액을 초과한 비용은 발기인 스스로가 부담하여야 하며 회사에 대하여 구상할 수 없다.

설립비용을 정관에 기재하는 방식은 각종 비용의 세목에 관하여 기재할 필요는 없고 총액만 기재하여도 충분하다.

정관규정의 예

제○○조(설립비용) 본 회사의 부담으로 할 설립비용은 ○○만 원 이내로 한다.

(5) 발기인의 보수

발기인의 보수란 발기인이 회사설립사무에 종사한 노무의 대가를 말한다. 보수는 회사성립 후 현금으로 한꺼번에 지급된다. 보수를 발기

인쇄비, 주주모집 광고비, 주주모집비용, 창립총회 소집비용 등을 들 수 있다.
124 이형규, 전게서, 100-101면.

인이 자유롭게 결정할 수 있다고 하면 회사에 대해 과다하게 지급을 청구할 위험성이 있다. 그래서 발기인이 받는 보수액을 정관에 기재하지 아니하면 그 효력이 없다(상법 제290조 제4호).

발기인의 보수는 회사설립의 기획자인 발기인의 공로에 대하여 계속적으로 부여되는 발기인의 특별이익과는 구별된다.

발기인의 보수에 관하여 정관에 기재하는 방식은 각 발기인이 받을 보수의 액을 개별적으로 기재할 필요는 없고 모든 발기인에 대한 보수의 총액을 일괄하여 기재하면 된다. 또한 보수를 받을 자의 성명은 기재사항이 아니지만 발기인 중에서 보수를 받을 자와 받지 않을 자가 있는 때에는 그 보수를 받을 자의 성명을 기재할 필요가 있다. 그리고 정관에 보수액의 최고한도를 정하고 그 범위 내에서 구체적인 금액을 이사회가 결정하도록 위임할 수도 있다.

정관규정의 예

제○○조(발기인의 보수) 설립에 있어서 발기인이 받을 보수의 액은 ○○만 원으로 한다.

3) 기타사항

최초의 영업연도는 1년을 넘지 않도록 정해둘 필요가 있다.

제6절 주식발행사항의 결정

주식회사의 설립 시에는 주식의 발행에 관한 사항을 결정하여야 한다. 다만, 주식발행사항을 결정하는 방식에는 첫째, 반드시 정관에 기재하여야 할 사항, 둘째, 정관 또는 발기인 전원의 동의로 정할 수 있는 사항, 그리고 셋째, 정관 또는 발기인의 다수결로 정할 수 있는 사항이 있다.

1. 정관에 정하여야 하는 사항

회사설립 시에 발행하는 주식에 관한 사항 가운데서, 「회사설립 시에 발행하는 주식의 총수」와 「1주의 금액」은 가장 기본적인 사항으로 정관에 반드시 기재하여야 한다(상법 제289조 제1항 제4호·제5호). 이들 사항에 관하여는 이미 자세히 언급하였다.

2. 정관 또는 발기인 전원의 동의로 정할 수 있는 사항

회사의 설립 시에 발행하는 주식에 관한 사항 가운데서, 「주식의 종류와 수」 및 「액면 이상의 주식을 발행하는 때에는 그 수와 금액」[125]은 정관에 기재하거나 발기인 전원의 동의로써 정하여야 한다(상법 제291조).

---

[125] 또는 무액면주식을 발행하는 경우에는 주식의 발행가액과 주식의 발행가액 중 자본금으로 계상하는 금액(상법 제291조 제3호).

발기인 전원의 동의를 얻도록 한 것은 실질적으로 정관에서 정하는 것과 다름이 없으나 정관의 작성과 인증 후에도 경제적 사정에 따라서 임기응변으로 정할 수 있다는 점에서 편리한 것이다. 발기인의 동의방식에 관하여는 아무런 제한이 없으므로 서면에 의하든 구두에 의하든 상관이 없다. 서면으로 동의서를 작성하는 것이 일반적이다.

〈서식례 3-3〉 발기인의 동의서

주식발행사항 동의서

발기인 전원의 동의로써 회사설립 시 발행할 주식에 관한 사항을 다음과 같이 결정함.

- 다음 -

1. 주식의 종류와 수
    - 보통주식 16,000주

2. 주식의 발행가액 : 1주의 금액 5,000원

3. 주식의 총수와 주식금액
    - 4,000주, 금 20,000,000원

위 동의사항을 확실히 하기 위하여 발행인 전원이 다음에 기명날인하다.

20○○년 ○○월 ○○일

주식회사 ○○○○

발기인 ○○○
주소   (인)

발기인 ○○○
주소   (인)

---

1) 주식의 종류 및 수

회사는 이익의 배당, 잔여재산의 분배, 주주총회에서의 의결권 행사, 상환 및 전환 등에 관하여 내용이 다른 종류의 주식(종류주식)을 발행하려면 정관에 규정을 두어야 한다(상법 제344조 제1항, 제2항). 그러나 이 경우에도 설립 시에 발행할 주식의 종류와 수에 관하여 정관에서 구체적으로 정하지 않은 때에는 정관이 정하는 범위 내에서 설립 시에 어느 종류의 주식을 몇 주 발행할 것인가를 발기인 전원의 동의로 결정하여야 한다(상법 제291조 제1호).

2) 액면초과발행주식의 수와 발행가액

회사는 설립 시에는 액면 미달의 주식을 발행하지 못한다(상법 제417조). 물론, 액면 이상의 발행은 허용된다. 액면을 초과하는 주식을 발행하는 경우에 그 발행가액을 원시정관에서 확정하기는 곤란하므로 정관 작성 후의 상황에 따라 발기인 전원의 동의로 정할 수 있도록 한 것이다(상법 제291조 제2호, 〈서식례 3-3〉 발기인의 동의서 참조).

3. 정관 또는 발기인의 다수결로 정할 수 있는 사항

위의 사항 이외의 주식발행에 관한 사항은 명문규정은 없으나 주식의 청약기간, 주금의 납입기일, 납입취급은행(납입장소) 등은 발기인 과반수의 다수결로 정한다고 보는 것이 통설의 입장이다.

주식회사 창업

제4장
발기설립과 모집설립

주식회사는 주식발행에 의하여 많은 사람들로부터 출자를 받을 수 있는 회사형태이다. 그러나 주식회사의 상당수는 일반적으로 넓게 출자를 모집하는 일은 하지 않고, 1인 회사나 동족회사로서 주주도 극히 한정된 범위에서만 존재하고 있는 것이 실정이다. 그리고 몇 안 되는 주주는 경영자를 겸하고 있는 것이 대부분으로, 실질 경영자가 회사를 소유하고 있는 경우가 많다.

발기인은 정관을 작성하여 공증인의 인증을 받은 후에 출자자의 확정과 출자의 이행을 통하여 자본을 형성하고 기관을 구성함으로써 주식회사의 실체를 완비하게 된다. 자본을 형성하는 방법으로는 크게 발기설립에 의한 경우와 모집설립에 의한 경우가 있다. 어느 방법을 택하느냐에 따라서 실체형성의 절차도 달라지게 된다. 설립방법은 발기인조합계약에 정하는 것이 보통이나, 발기인조합계약에서 정하지 않았으면 발기인의 결의로 정할 수 있다.

제1절 발기설립과 모집설립의 차이점

1. 주식의 인수

발기설립의 경우에는 회사설립 시에 발행하는 주식의 총수를 발기인만이 인수한다(상법 제293조). 이에 대하여 모집설립의 경우에는 설립 시에 발행하는 주식의 총수 가운데 일부를 발기인이 인수하고 그 나머지에 대하여는 주주를 모집한다(상법 제301조).[1]

2. 주금의 납입장소

발기설립의 경우에는 주금의 납입장소에 대하여 특별한 제한이 없으나, 모집설립의 경우에는 주식청약서에 기재된 은행 기타 금융기관에 주금을 납입하여야 한다(상법 제305조 제2항, 제302조 제2항 제9호). 상법 제295조 제1항, 제302조 제2항 제9호에서 주금납입장소를 은행 기타 금융기관으로 규정하고 있는 취지는 주금납입과 관련하여 납입가장행위 등을 방지함으로써 회사의 자본충실을 기하기 위함이다. 금융기관의 개념은 규정 법률마다 그 범위가 상이하므로 일률적으로 정의할 수는 없고,

---

[1] 회사를 설립함에 있어 모집설립의 절차를 갖추었으나 발기인이 주식모집 전에 주식의 대부분을 인수하고 형식상 일반공중으로부터 주식을 모집함에 있어 발기인이 타인의 명의를 모용하여 주식을 인수하였다면 명의모용자가 주식인수인이라 할 것이어서 결국 주식 전부를 발기인이 인수한 결과가 된다 할 것이므로 회사의 설립을 발기설립으로 보아야 한다(대법원 1992. 2. 14. 선고 91다31494 판결).

따라서 상법상 주금납입업무를 담당할 수 있는 금융기관인지 여부는 위 취지에 따라 주금납입에 관한 업무능력, 공적 신용력이 확보될 수 있는 규모 및 신용도, 예수금에 대한 보장제도 등을 검토하여 판단하여야 할 것이다.[2]

3. 납입의 해태

발기설립의 경우에는 발기인이 인수주식의 주금납입을 하지 않으면 일반원칙에 따라 강제집행절차에 의하여 납입을 강제하게 된다. 모집설립의 경우에 주식인수인이 주금납입을 하지 않으면 발기인은 일정한 기일을 정하여 그 기일 내에 납입을 하지 않으면 그 권리를 잃는다는 뜻을 기일의 2주간 전에 그 주식인수인에게 통지해야 한다(상법 제307조 제1항). 주식인수인이 그 기일 내에 납입의 이행을 하지 않으면 주식인수인으로서의 권리를 잃는다(상법 제307조 제2항).

4. 기관의 선임

발기설립의 경우에는 발기인이 다수결로 이사와 감사를 선임하는 데 대하여(상법 제296조 제1항), 모집설립의 경우에는 창립총회를 소집하여 출석한 주식인수인의 의결권의 3분의 2 이상이며 인수된 주식총수의 과

---

2   새마을금고가 상법상 주금납입을 맡을 '은행 기타 금융기관'에 해당하는지 여부(제정 2008. 5. 2. [상업등기선례 제2-44호, 시행]).

반수에 해당하는 다수결로 이사와 감사를 선임한다(상법 제309조, 제313조).

5. 설립경과의 조사

발기설립의 경우에는 발기인들의 공모를 방지하기 위하여 그 설립경과에 대하여 법원이 선임한 검사인의 엄격한 조사를 받도록 하고(상법 제299조, 제300조) 그 조사의 범위도 모든 설립경과에 미친다. 이에 대하여 모집설립의 경우에는 설립경과의 조사를 원칙적으로 창립총회의 자치적 감독에 맡기고 변태설립사항이 있는 때에만 법원이 선임한 검사인의 검사를 받도록 하고 있다(상법 제310조, 제314조).

6. 이용실태

종래에는 대부분의 주식회사의 설립이 실질적으로 발기설립임에도 불구하고 법원이 선임한 검사인의 검사와 이로 인한 회사설립의 지연을 피하기 위하여 복잡한 모집설립의 형식을 택하고 있었다. 그러나 1995년의 상법개정으로 발기설립의 경우 법원의 설립경과제도(개정 전 상법 제298조)가 폐지되고 모집설립의 경우와 마찬가지로 정관에 변태설립사항이 없는 한 이사·감사가 설립경과조사를 하면 되므로(상법 제298조) 구태여 모집설립의 방법을 택할 필요가 없게 되었으나 실무상 모집설립의 방식을 많이 이용하고 있다.

〈발기설립과 모집설립의 차이〉

구분	발기설립	모집설립
주식의 인수	주식은 전부 발행인들이 인수한다.	주식의 일부를 발기인이 인수하고, 남은 부분을 인수할 주주를 모집한다.
주식의 납입	발기인이 지정한 납입은행 기타 금융기관과 납입장소에 하여야 한다.	주식청약서에 기재한 은행 기타 금융기관과 납입장소에 하여야 한다.
납입의 해태	일반원칙(채무불이행)에 속한다.	실권절차가 있다.
창립총회	불필요하다.	필요하다.
이사 · 감사	발기인의 의결권의 과반수로 선임한다.	창립총회에서 출석한 주식인수인의 의결권의 3분의 2 이상이며, 인수된 주식의 총수의 과반수에 해당하는 다수로 선임한다.
변태설립의 사항	변태설립사항은 검사인 · 공증인 · 감정인이 조사하여 법원에 보고하고, 법원은 이를 변경할 수 있다.	변태설립사항은 검사인 · 공증인 · 감정인이 조사하여 창립총회에 보고서를 제출한다. 창립총회가 이를 변경할 수 있다.
설립경과의 조사	주식납입과 현물출자의 이행 기타 사항은 이사와 감사가 조사하여 발기인에게 보고하여야 한다.	주식총수에 대한 인수 · 납입과 현물출자의 이행의 정확 여부는 이사와 감사가 조사하여 창립총회에 보고하여야 한다.
설립 전의 원 시정관의 변경	발기인 전원의 동의와 공증인의 인증이 필요하다.	창립총회의 결의만으로 가능하다.
설립 중의 회사의 구성원	발기인	발기인과 주식인수인

〈주식회사설립절차〉

발기인의 구성(「상법」 제288조)

↓

상호 및 목적사항 결정

↓

정관 작성(「상법」 제289조)

↓

주식발생사항결정(「상법」 제291조)

발기설립의 경우	모집설립의 경우
발기인의 주식인수(「상법」 제293조)	발기인의 주식인수(「상법」 제293조)
↓	↓
	주주모집(「상법」 제301조)
	↓
	모집주주 청약(「상법」 제302조)
주금납입(「상법」 제295조)	↓
	발기인 주식배정(「상법」 제303조)
↓	↓
	주금납입(「상법」 제305조)
	↓
임원선임(「상법」 제295조)	창립총회(「상법」 제308조)
	↓
↓	임원선임(「상법」 제312조)
	↓
설립경과조사	설립경과조사

등록면허세 등 납부

↓

설립등기(「상법」 제317조)

↓

법인설립 및 사업자등록

제2절 발기설립

발기설립이란 회사설립 시에 발행하는 주식의 총수를 발기인이 모두 서면(書面)으로 인수하여 회사를 설립하는 주식회사설립의 한 형태를 말한다. 발기설립은 비교적 인적 관계가 있는 소수의 발기인들이 회사설립 시에 발행하는 주식의 전부를 인수함으로써 회사를 설립하기 때문에 주금의 납입도 편리한 방법으로 할 수 있고, 그 납입을 해태하는 때에는 일반원칙에 의하여 채무불이행의 경우와 같이 다루며, 이사와 감사도 간단하게 선임할 수 있다.

1. 주식의 인수

발기설립의 경우에는 회사설립 시에 발행하는 주식의 총수를 모두 발기인이 인수하여야 한다. 각 발기인이 인수할 주식의 수는 1주 이상이면 되나 발기인조합계약에서 인수할 주식의 수를 정하는 것이 보통이다. 발기인은 회사설립 시 발행하는 주식 전부를 인수해야 한다. 각 발기인은 주식인수를 확실히 하기 위하여 서면으로 인수하여야 한다(상법 제293조). 따라서 구두에 의한 인수는 무효이다.

서면의 방식에 관하여는 규정이 없으나 성질상 인수한 주식의 종류·수, 인수가액 등의 기재와 그 발기인의 기명날인이 있어야 한다(〈서식례 4-1〉 및 〈서식례 4-2〉 주식인수증 참조).

그러나 각 발기인이 주식인수에 관하여 반드시 별도의 서면을 작성할 필요는 없고 1매의 서면에 각 발기인의 주식인수 내용을 기재한 다음 발기인 전원이 기명날인하여도 무방하다. 또한, 정관 자체에 인수의 내용을 기재하여도 서면에 의한 주식인수로 인정된다.

발기인에 의한 주식인수의 시기는 정관 작성과 동시에 행해지는 것이 보통이나 그 후에도 납입기일까지 주식을 인수하면 된다. 학계의 통설적 견해는 정관 작성의 전후를 불문하고 인수가 가능하다고 한다.

발기인은 주식인수에 의하여 설립 중의 회사의 구성원이 되고 금전출자의 경우에는 인수가액에 관하여, 현물출자의 경우에는 그 목적인 재산에 대하여 출자의무를 부담하게 된다.

〈서식례 4-1〉 주식인수증(금전출자의 경우)

주식인수증	
상호	○○주식회사
인수할 주식의 종류와 수	보통주식 ○○주
1주의 금액	금 ○○원
총액	금 ○○원

위의 주식을 발기인으로서 인수합니다.

20○○년 ○월 ○일

발기인 ○○○ (인)
주소 :

○○주식회사 발기인 대표 귀하

<서식례 4-2> 주식인수증(현물출자의 경우)

주식인수증

상호	○○주식회사
인수할 주식의 종류와 수	보통주식 ○○주
1주의 금액	금 ○○원
총액	금 ○○원

아래에 표시된 본인 소유의 재산을 현물출자하고 위의 주식을 발기인으로서 인수합니다.

20○○년 ○월 ○일

발기인 ○○○ (인)

주소 :

○○주식회사 발기인 대표 귀하

현물출자목적재산표시

○○시 ○○구 ○○동 ○○번지

대지 ○○m²   가액 금 ○○원

위 지상   가액 금 ○○원

철근콘크리트 2층 건물 ○○m²   총액 금 ○○원

2. 출자의 이행

1) 주식의 전부 인수 시 인수가액 전액납입

발기인이 회사의 설립 시에 발행하는 주식의 총수를 인수한 때에는 지체 없이 각 주식에 대하여 그 인수가액의 전액을 즉시 납입하여야 한다(상법 제295조 제1항).[3] 납입의 청구는 설립 중의 회사의 대표자인 발기인 대표가 한다. 납입기일에 관하여는 법문에 「지체 없이」라고 하였을 뿐, 다른 정함이 없으므로 발기인의 과반수로써 주식 총수의 인수가 있은 후의 적절한 날을 납입기일로 결정하면 된다.

2) 납입장소

발기설립의 경우에는 납입장소에 관하여 모집설립의 경우와 같은 제한이 없다. 발기인 대표에게 납입하거나 발기인 대표가 지정하는 은행에 납입하는 것이 보통이다. 다만, 자본금 총액이 10억 원 미만인 회사를 발기설립하는 경우에는 납입금보관에 관한 증명서를 은행이나 그 밖의

---

3   발기인이 인수가액의 전액을 납입할 경우에는 납입을 맡을 은행, 그 밖의 금융기관과 납입 장소를 지정해야 한다(상법 제295조 제1항 후단). 설립등기를 신청하는 경우 주금의 납입을 맡은 은행, 그 밖의 금융기관의 납입금 보관을 증명하는 정보를 제공해야 하므로, 납입금을 보관한 은행이나 그 밖의 금융기관은 발기인 또는 이사의 청구를 받으면 그 보관금액에 관하여 증명서를 발급해야 한다(상업등기규칙 제129조 제12호 및 상법 제318조 제1항). 다만, 자본금 총액이 10억 원 미만인 회사를 위의 방법에 따라 발기설립하는 경우에는 증명서를 은행이나 그 밖의 금융기관의 잔고증명서로 대체할 수 있다(상법 제318조 제3항). 이 경우 은행이나 그 밖의 금융기관은 증명한 보관금액에 대하여는 납입이 부실하거나 그 금액의 반환에 제한이 있다는 것을 이유로 회사에 대항하지 못한다(상법 제318조 제2항).

금융기관의 잔고증명서로 대체할 수 있다(상법 제318조 제3항). 소규모회사의 창업을 용이하게 하기 위하여 2009년 5월 개정상법에서 도입된 제도이다.

2011년 개정 전 상법 제334조에서는 주주의 납입금에 관하여 회사와 상계(相計)[4]할 수 없도록 금지하고 있었으나, 이를 삭제(법률 제10600호, 2011. 4. 14.)하여 납입금에 관하여 회사와 합의로 상계할 수 있도록 하고 있다(상법 제421조 제2항 참조).

3) 현물출자 시의 납입

(1) 현물출자의 대상

현물출자가 되는 대상과 그렇지 않은 대상이 있다. 예컨대 동산, 부동산, 유가증권, 채권, 지식재산권, 타 회사의 주식, 영업 등은 현물출자가 가능하지만, 노무나 신용 등은 불가능하다. 결국, 회계적으로 자산의 부에 계상될 수 있는 것들이면 모두 가능하다.

(2) 어음·수표의 납입시기

발기인은 금전·어음·수표 또는 현물출자로 주식 인수금을 납입할 수 있다. 어음 또는 수표에 의한 납입의 경우에는 그 어음 또는 수표를 교부한 때에 납입한 것으로 되지 않고, 그 어음 또는 수표에 대한 지급이 있는 때에 납입을 한 것으로 인정된다. 대법원 판례에서도 주금납

---

4   "상계"란 쌍방이 서로 같은 종류를 목적으로 한 채무를 부담한 경우에 그 쌍방의 채무의 이행기가 도래한 때에는 각 채무자는 대등액에 관하여 소멸시킬 수 있는 권리를 말한다(민법 제492조 제1항).

입의무는 현실적 이행이 있어야 하므로 당좌수표로서 납입한 때에는 그 수표가 현실적으로 결제되어 현금화되기 전에는 납입이 있었다고 할 수 없다고 판시하고 있다.[5]

발기인이 설립등기를 신청할 때에는 주식의 인수를 증명하는 정보를 제공해야 한다(상업등기규칙 제129조 제2호).

4) 현물출자의 이행

정관에 현물출자를 정한 경우에 현물출자를 하는 발기인은 납입기일에 지체 없이 출자의 목적인 재산을 인도하고 등기·등록, 기타 권리의 설정 또는 이전을 요할 경우에는 이에 관한 서류를 완비하여 교부하여야 한다(상법 제295조 제2항). 현물출자의 이행도 금전출자의 경우와 같이 발기인 대표에게 하는 것이 보통이다.

현물출자의 이행의 내용은 출자의 목적인 재산을 회사에 물권적으로 이전하는 것이다. 주식회사의 발기설립의 경우에 현물출자에 의한 주식의 인수로써 주식인수인이 된 자는 현물출자 이행의 의무를 부담하는 한편 설립 중의 회사의 사원이 되었다가 현물출자가 이행되고 현물출자에 관한 사항과 현물출자의 이행에 관하여 검사인의 검사를 받는 등 제반절차를 마쳐 설립등기를 하였을 때에 주주의 지위로 전환되는바, 주식회사 발기설립 시의 현물출자는 궁극적으로 주주 지위의 취득을 반대급부를 하는 것으로서 주주의 지위를 취득하게 되는 설립등기 시에 반대급

---

5   대법원 1977. 4. 12. 선고 76다943 제2부 판결.

부의 전부 이행이 있다고 볼 수 있다.[6]

5) 등기 · 등록 등에 필요한 서류의 교부

현물출자의 이행은 납입기일에 이루어져야 한다. 즉, 다른 발기인 등이 금전으로 납입하는 날에 현물출자자는 현물에 대한 권리 이전을 마쳐야 한다. 납입기일은 아직 회사 법인격을 취득하기 이전이라는 점을 감안하면, 여기서 말하는 권리 이전이라는 것은 회사에 대하여 등기 · 등록 등을 마치는 것을 의미하는 것은 아니다. 즉, 동산의 경우는 발기인 대표에게 인도하는 것을 의미하고(민법 제188조), 부동산 · 특허권[7] 등의 경우는 등기 · 등록 등에 필요한 서류를 발기인 대표에게 교부하는 것을 의미한다(상법 제295조 제2항). 발기인 대표는 이를 소지하고 있다가 회사 법인격 취득 이후에 회사 명의로 등기 · 등록 등을 마치면 된다.[8] 등기 · 등록, 기타 권리의 설정 또는 이전을 요할 경우에 이에 관한 서류를 완비하여 교부하도록 한 것은 등기 · 등록을 회사성립 후에 직접 회사명의로 함

---

6   대법원 2000. 6. 23. 선고 98두7558 판결.

7   특허권의 현물출자는 특허권에 대해 기술가치평가를 수행하여 특허권의 가치를 금액으로 평가받아, 법원의 허가를 받은 후 특허권의 가치에 해당하는 금액을 법인의 재산에 편입시키는 것을 말한다. 회사는 이를 통해 부채비율을 감소시켜 재무건전성을 기대할 수도 있다. 법인설립 시의 현물출자의 경우 가액 과대평가 등으로 인해 다른 사원이나 채권자를 해할 염려가 있어 엄격히 규제된다. 법원으로부터 현물출자를 승인받기 위해서는 공증인의 조사 · 보고, 공인된 감정인의 감정, 검사인의 조사과정 등을 거쳐야 하고 그 결과를 법원에 보고해야만 한다. 그러나 벤처기업 인증을 받은 기업의 경우 특허권의 현물출자는 훨씬 쉬운 편이다. 대통령령으로 정하는 기술평가기관이 산업재산권을 평가한 경우 위의 과정을 거친 것으로 보기 때문이다(벤처기업 육성에 관한 특별조치법 제6조 제2항).

8   만일 정관에 적힌 현물출자자가 그 이행을 하지 않은 경우에는 어떻게 해야 하는가? 강제집행을 통해서 이행을 강제할 수도 있지만, 발기인들이 정관을 변경한 후 설립 절차를 속행하면 될 것이다(김경환, "[스타트업법률상식2] 현물출자를 통한 회사설립", 「디지털데일리」, 2020. 1. 6).

으로써, 설립 중의 회사의 명의로 등기 · 등록을 하였다가 다시 설립 후 회사명의로 변경하는 번거로움을 피하고 비용도 절약할 수 있도록 하려는 것이다. 다만, 부동산에 관하여 설립 중의 회사의 명의로 등기한 경우에는 회사성립 후 다시 이전등기를 하지 않아도 부동산물권은 성립 후의 회사에 귀속된다.[9]

주식의 가장납입과 가장납입한 주식인수인의 지위

Q 발기인이 납입 또는 현물출자의 이행을 가장하는 행위를 하는 경우 당해 행위의 회사에 대한 효력과 가장납입(假裝納入)을 한 주식인수인의 지위에 대하여 알고 싶습니다.

A 발기인이 납입 또는 현물출자의 이행을 가장하는 행위를 하는 이른바 가장납입에 대하여 판례는 가장납입 행위가 이루어졌다고 하더라도 회사의 설립이나 증자와 같은 집단적 절차의 일환을 이루는 주금납입의 효력은 있다고 판시하였습니다(대법원 1997. 5. 23. 선고 95다5790 판결).

또한, 판례는 주식인수인이 가장납입의 형태로 주금을 납입한 후 회사가 청구한 주금 상당액을 납입하지 않은 경우 주주로서의 지위를 상실하지 않으며, 주금을 납입하지 않은 채 그 납입일로부터 상당 기간이 지난 후 주주임을 주장하는 것이 신의성실의 원칙에 반하지 않는다고 판시하였습니다(대법원 1998. 12. 23. 선고 97다20649 판결).

9 　설립 중의 회사라 함은 주식회사의 설립과정에서 발기인이 회사의 설립을 위하여 필요한 행위로 인하여 취득하게 된 권리의무가 회사의 설립과 동시에 그 설립된 회사에 귀속되는 관계를 설명하기 위한 강학상의 개념이다(대법원 1977. 4. 12. 선고 76다943 제2부 판결).

3. 이사와 감사의 선임

주식의 인수가액에 대한 납입과 현물출자의 이행이 완료된 때에는 발기인은 지체 없이 이사와 감사를 선임하여야 한다(상법 제296조 제1항). 선임결의는 발기인이 주식인수인으로서 가지는 의결권의 과반수로 하며, 이때에 발기인은 인수주식 1주에 대하여 1개의 의결권을 가진다(동조 제2항). 이사와 감사는 발기인이 아니라도 무방하다.

선임결의의 방법에 관하여는 제한이 없으나, 발기인은 그 의사의 경과와 결과를 기재한 의사록을 작성하고 기명날인 또는 서명하여야 하며(상법 제297조), 설립등기신청서[10]에 첨부할 이사와 감사의 선임에 관한 서면은 이 의사록을 제출하면 된다(〈서식례 4-3〉 발기인 총회 의사록 및 〈서식례 4-4〉 취임승낙서 참조).

회사설립등기에는 대표이사의 성명도 등기하여야 하므로(상법 제317조 제2항 제9호), 발기인에 의한 이사의 선임이 있으면 설립등기 이전에 이사회를 열어 대표이사를 선임하여야 한다(〈서식례 4-5〉 이사회 의사록 참조).

---

10 일반적으로 등기소 법인설립 서류로는 다음과 같은 것이 필요하다.
  (1) 대표이사, 감사 등 임원 전원의 주민등록등본 혹은 초본 1통
  (2) 인감증명서 1통
  (3) 인감도장(취임승낙서 날인에 사용)
  (4) 대표 발기인 이름으로 발급된 통장 잔고 증명원 1통
  (5) 설립등기신청서

발기인 총회 의사록

20○○년 ○월 ○일 ○○시, ○○ ○○구 ○○동 ○○○번지 창립사무소에서 발기인 총회를 개최하였다.

발기인 총수 ○명, 인수한 주식총수 ○○주
출석발기인수 ○명, 출석발기인의 주식수 ○○주

발기인 대표 ○○○는 위와 같이 법정수에 달하는 주주가 출석하여 본 총회가 적법히 성립되었음을 알리고 회의진행상 의장을 선임할 것을 구한바, 주주 전원은 만장일치로 주주 ○○○를 의장으로 선임하였다. 이때 주주 ○○○은 즉석에서 그 취임을 승낙하고 개회를 선언한 후 다음 의안을 상정하고 심의를 하였다.

- 아래 -

제1호 의안 이사와 감사의 선임

의장의 회사의 창립에 대한 의사를 물은 뒤 정식 창립을 공포하고 또한 의장은 이사와 감사의 선임방법을 물은바, 발기인 전원은 무기명 비밀투표로 선임키로 합의되어 그에 따라 투표한 결과 다음과 같이 선출되었다.

이사 ○○○
이사 ○○○
이사 ○○○
감사 ○○○

위 피선자는 즉석에서 각자 그 취임을 승낙하였다.

제2호 의안 창립사항보고의 건

의장은 창립준비 진행사항과 그 비용의 승인을 구한바, 발기인 전원이 비용사용에 대해 추인하였다.

제3호 의안 정관승인의 건

의장은 준비한 정관의 내용을 발기인에게 보여준 뒤 정관과 본점설치장소결정에 대한 심의를 구한바 전원 이의 없이 다음과 같이 본점설치장소를 결정한다.

본점 ○○시 ○○구 ○○동 ○○○번지

의장은 이상으로서 의안 전부의 심의를 종료하였으므로 의장은 폐회를 선언하였다
(회의 종료시간 ○시 ○분).

위 결의를 명확히 하기 위하여 이 의사록을 작성하고 의장과 출석한 발기인이 다음과
같이 기명 날인한다.

20○○년 ○월 ○일
주식회사 ○○○○

의장 겸 발기인 ○○○ (인)

발기인 ○○○ (인)
(이하 출석한 발기인 전원이 기명날인)

〈서식례 4-4〉 이사, 대표이사, 감사의 취임승낙서

취임승낙서

본인은 20○○년 ○○월 ○○일 창립총회(또는 주주총회, 이사회)에서 귀 회사의 사
내이사(또는 사외이사, 기타비상무이사, 감사, 감사위원회 위원, 대표이사 등)로 선임
되었는바, 그 취임을 승낙합니다.

20○○년 ○○월 ○○일
사내이사 ○ ○ ○ (인)

주식회사 ○○○○
대표이사 ○○○ 귀하

이사회 의사록

○○○ 주식회사

제○○차 이사회 의사록

  1. 일시: 20○○년 ○○월 ○○일 (○요일) ○○시

  2. 장소:

  3. 출석자

  재직 이사 총수 ○명   출석 이사 수 ○명

  재직 감사 총수 ○명   출석 감사 수 ○명

  이사들의 호선에 따라 이사 ○○○을 임시의장으로 선출하였다.

의장 ○○○은 즉석에서 이를 승낙하고 의장석에 등단하여 위와 같이 법정수에 달한 이사들의 출석으로 본회가 적법하게 성립되었음을 고하고 개회를 선언하였다. 이어 다음 의안을 부의하여 심의를 구하였다.

제1호 의안 대표이사 선임의 건

의장은 본 의안을 상정/부의하며, 본 회사의 대표이사를 선임할 뜻과 그 이유를 설명하고 이에 대한 승인를 요청한바, 출석 이사 상호 간의 토의와 심의를 거친 후 참석 이사 전원의 찬성으로 아래의 사람을 대표이사로 선임할 것을 승인 및 가결하였다.

– 아래 –

대표이사: ○○○
위 피선자는 즉석에서 그 취임을 승낙하였다.
이상으로 금일 의안의 심의를 종료하였으므로 의장은 ○시 ○분에 폐회를 선언하였다.

위 결의를 명확히 하기 위하여 이 의사록을 작성하고 의장과 출석한 이사 및 감사가 다음과 같이 기명날인함.

20○○년 ○월 ○일

주식회사 ○○○○

의장, 대표이사 ○○○ (인)

이사 ○○○ (인)

이사 ○○○ (인)
(이하 출석한 이사 전원이 기명날인)

감사 ○○○ (인)

4. 임원선임 및 설립경과조사

주식 인수금 납입 및 현물출자 이행이 완료되면, 발기인은 의결권의 과반수로 이사 및 감사를 선임한다.

선임된 이사와 감사는 회사설립사항에 관하여 조사하여 발기인에게 보고하며, 변태설립사항은 검사인이 조사하여 법원에 보고한다.

1) 임원 선임

(1) 발기인의 이사·감사 선임

발기인의 인수가액에 대한 전액 납입과 현물출자의 이행이 완료된 때에는 발기인은 지체 없이 의결권의 과반수로 이사와 감사를 선임해야 한다(상법 제296조 제1항).

발기인이 여러 명일 경우 발기인의 의결권은 그 인수주식의 1주에 대하여 1개로 한다(상법 제296조 제2항).

(2) 대표이사의 선임

대표이사는 설립등기 시에 등기해야 할 사항이므로 설립등기 전에 대표이사를 선임해야 한다. 그러나 정관으로 주주총회에서 대표이사를 선정할 것을 정할 수 있다(상법 제317조 제2항 제9호 및 제389조 제1항).

또한 대표이사를 정할 경우에는 수인의 대표이사가 공동으로 회사를 대표할 것을 정할 수 있다(상법 제389조 제2항).

(3) 발기인의 의사록 작성

발기인은 의사록을 작성하여 의사의 경과와 그 결과를 기재하고 기명날인 또는 서명해야 한다(상법 제297조).

2) 설립경과 조사 및 보고

(1) 이사·감사의 설립경과 조사·보고

이사와 감사는 취임 후 지체 없이 회사의 설립에 관한 모든 사항이 법령 또는 정관의 규정에 위반되지 않는지의 여부를 조사하여 발기인에게 보고해야 한다(상법 제298조 제1항).

(2) 이사·감사가 조사·보고에 참여할 수 없는 경우

이사와 감사 중 발기인이었던 자·현물출자자 또는 회사성립 후 양수할 재산의 계약당사자인 자는 위의 조사·보고에 참가하지 못하며, 이사와 감사의 전원이 여기에 해당하는 때에는 이사는 공증인으로 하여금 위의 조사·보고를 하게 해야 한다(상법 제298조 제2항 및 제3항).[11]

---

11 이사와 감사 또는 공증인의 조사·보고에 관한 정보는 회사설립 등기 신청 시 제공해야 한

3) 변태설립사항에 대한 검사인의 조사·보고

(1) 검사인의 선임

정관으로 변태설립사항을 정한 때에는 이사는 이에 관한 조사를 하게 하기 위하여 검사인의 선임을 법원에 청구해야 한다(상법 제298조 제4항 본문).

검사인의 신청은 서면으로 하며, 그 신청서에는 ① 신청의 사유, ② 검사의 목적, ③ 신청 연월일, ④ 법원의 표시를 기재하고 이사가 기명날인하여 회사 본점소재지를 관할하는 지방법원합의부에 제출한다(「비송사건절차법」 제72조 제1항 및 제73조).

공증인 또는 감정인이 조사할 수 있는 예외적인 경우

변태설립사항 중 ① 발기인이 받을 특별이익과 이를 받을 자의 성명, ② 회사가 부담할 설립비용과 발기인이 받을 보수액에 관해서는 공증인의 조사·보고로, ③ 현물출자를 하는 자의 성명과 그 목적인 재산의 종류, 수량, 가격과 이에 대하여 부여할 주식의 종류와 수, ④ 회사성립 후에 양수할 것을 약정한 재산의 종류, 수량, 가격과 그 양도인의 성명과 상법 제295조에 따른 현물출자의 이행에 관해서는 공인된 감정인의 감정으로 검사인의 조사에 갈음할 수 있다(상법 제298조 제4항 및 제299조의2 전단).

이 경우 공증인 또는 감정인은 조사 또는 감정결과를 법원에 보고해야 한다(상법 제298조 제4항 및 제299조의2 후단).

---

(2) 검사인의 조사 · 보고

발기인에 의하여 선임된 이사는 취임 후 지체 없이 회사설립경과를

다(「상업등기법」 제24조 제3항 및 「상업등기규칙」 제129조 제5호).

조사하게 하기 위하여 검사인의 선임을 법원에 청구하여야 한다(상법 제 298조 제4항). 선임신청은 일정사항을 기재한 서면으로 하여야 하는데(비송사건절차법 제73조), 회사의 본점소재지를 관할하는 지방법원의 합의부에 청구하여야 한다(비송사건절차법 제72조 제1항, 〈서식례 4-6〉 검사인의 선임신청서 참조).

검사인은 변태설립사항과 현물출자의 이행을 조사하여 서면으로 법원에 보고해야 한다(상법 제299조 제1항 및 「비송사건절차법」 제74조 제1항). 검사인은 조사보고서를 작성한 후 지체 없이 그 등본을 각 발기인에게 교부해야 한다(상법 제299조 제3항, 〈서식례 4-7〉 검사인의 조사보고서 참조). 검사인의 조사보고서에 사실과 다른 사항이 있는 경우에는 발기인은 이에 대한 설명서를 법원에 제출할 수 있다(상법 제299조 제4항).

검사인의 조사 · 보고를 생략할 수 있는 경우

위의 검사인의 조사보고에 관한 것은 다음의 어느 하나에 해당할 경우에는 적용하지 않는다(상법 제299조 제2항, 「상법 시행령」 제7조 제1항 및 제2항).

1. 현물출자 또는 회사성립 후에 양수할 것을 약정한 재산총액이 자본금의 5분의 1을 초과하지 않고 5천만 원을 초과하지 않는 경우
2. 현물출자 또는 회사성립 후에 양수할 것을 약정한 재산이 거래소에서 시세가 있는 유가증권인 경우로서 정관에 적힌 가격이 다음의 방법으로 산정된 시세 중 낮은 금액을 초과하지 않는 경우

- 정관의 효력발생일부터 소급하여 1개월간의 거래소에서의 평균 종가(終價), 효력발생일부터 소급하여 1주일간의 거래소에서의 평균 종가 및 효력발생일의 직전 거래일의 거래소에서의 종가를 산술평균하여 산정한 금액
- 효력발생일 직전 거래일의 거래소에서의 종가

4) 부당한 변태설립사항에 대한 법원의 변경처분

법원은 검사인 또는 공증인의 조사보고서 또는 감정인의 감정결과와 발기인의 설명서를 심사하여 변태설립사항을 부당하다고 인정한 때에는 이를 변경하여 각 발기인에게 통고할 수 있다(상법 제300조 제1항).

변태설립사항의 변경에 관한 재판은 이유를 붙인 결정으로써 하여야 하며, 법원은 재판을 하기 전에 발기인과 이사의 진술을 들어야 한다(비송사건절차법 제75조 제1항 및 제2항).

변경처분에 대하여 발기인은 정관을 변경하여 설립절차를 계속 진행하거나 그렇지 않으면 즉시항고를 하거나(비송사건절차법 제75조 제3항) 또는 그 주식의 인수를 취소할 수 있다(상법 제300조 제2항).

그러나 법원의 통고가 있은 후 2주간 내에 주식의 인수를 취소한 발기인이 없는 경우에는 정관은 통고에 따라 변경된 것으로 본다(상법 제300조 제3항).[12]

---

12 이 경우 법원의 처분으로 정관변경이 이루어졌고, 변경처분 재판의 등본은 회사설립 등기와 함께 제공해야 하는 정보이므로, 변경된 정관에 공증인의 인증을 받을 필요는 없다(「상업등기규칙」 제129조 제7호 참조).

검사인의 선임신청서

설립 중의 ○○주식회사

주소 ○○ ○○구 ○○동 ○○○번지

신청인: 대표이사 ○○○

　　　　이사 ○○○

　　　　이사 ○○○

　　　　이사 ○○○

주소 ○○ ○○구 ○○동 ○○○번지
○○변호사외 소속변호사
위 신청 ○○○ 대리인

신청의 취지

다음 사항의 검사를 위하여 검사인의 선임을 구함.

신청사유

당 회사는 20○○년 ○월 ○일 정관을 작성, 인증을 받아 발기인 ○명이 회사의 설립
에 있어 발행하는 총주식을 인수하고 20○○년 ○월 ○일 각 주식에 대하여 발행가액
전액의 납입을 완료하고 20○○년 ○월 ○일 신청인 등은 이사에 선임되었음. 따라서
다음 사항을 조사시키기 위하여 검사인의 선임을 구하는 본 신청에 이르게 된 것임.

검사의 목적사항

1. 발기인이 받아야 할 특별한 이익 및 이를 받을 자의 적부

2. 현물출자를 하는 자의 성명, 출자목적인 재산, 그 가격 및 이에 대하여 급여하는 주
   식, 종류 및 수의 당부

3. 회사의 설립 후에 양도할 것을 약정한 재산, 그 가격 및 양수인의 당부

4. 회사의 부담으로 하여야 할 설립비용 및 발기인이 받아야 할 보수액의 당부

5. 회사설립에 있어 발행하는 주식총수의 인수가 있었던가의 여부

6. 각 주식에 대하여 그 발행가액의 납입이 완료되었는가의 여부

7. 현물출자자로부터 납입기일에 출자목적인 재산 전부의 이행이 있었는가의 여부

8. 기타 설립에 관한 사항이 정관에 위배되지 아니하였는지 여부

첨부서류

1. 정관사본   1통
2. 주식인수증   ○통
3. 현물출자재산인도증   1통
4. 주금납입금보관증   1통
5. 발기인총회의사록   1통
6. 이사회의사록   1통
7. 위임장   1통

20○○년 ○월 ○일

○○○○주식회사

주소 ○○ ○○구 ○○동 ○○○번지

신청인 대표이사 ○○○ (인)

이사 ○○○ (인)

이사 ○○○ (인)

이사 ○○○ (인)

○○지방법원 귀중   위 신청대리인 변호사 ○○○ (인)

검사인 조사보고서

본인은 ○○지방법원 20○○파○○호 검사인선임신청사건에 있어서 ○○주식회사의 검사인으로 선임되어 상법 제290조 소정사항을 조사하였으므로 다음과 같이 보고함.

1. 조사방법과 그 경과

검사인은 이 사건 조사할 사항의 구체적 내용을 확인하기 위하여 우선 이 사건 검사인 선임신청서와 그 부속서류의 내용을 검토한 후, 20○○년 ○월 ○○일 이 사건 회사의 설립사무소에 임하여 발기인 대표 ○○○로부터 회사설립의 경과를 청취하고 회사설립에 관계되는 각종 서류를 제출받아 이를 면밀히 검토한 다음, 회사설립과정에서 이 사건 목적재산의 가액을 평가한 바 있는 감정평가사 ○○○의 감정평가의 경위를 청취하였음.

2. 조사사항 및 조사결과

(1) 발기인이 받을 특별이익에 관한 사항

정관 제○조에 의하면 발기인이 받을 특별이익으로서 각 발기인은 그가 가지는 주식 1주에 대하여 연 ○○원에 달할 때까지 다른 주식에 우선하여 배당받을 수 있다는 취지의 규정이 있으나, 이는 발기인의 발기행위에 대한 특별공로를 이유로 한 것으로서 동인 등이 공로 및 대외적 신용 등을 고려한다면 당해 정관의 규정은 정당하다고 사료됨.

(2) 현물출자에 관한 사항

현물출자를 한 자는 발기인 ○○○이고 그 출자재산은 어떠한 재산으로서 감정평가사 ○○○가 평가한 그 가격은 정관에 기재된 평가액보다 훨씬 높은 시가 금 ○○○원 이상이므로 정관에 기재된 그 평가액 및 그에 부여하는 주식수는 정당한 것으로 사료되며, 현물출자재산은 이미 회사에 확실히 인도되었음이 출자자 작성의 재산인도증에 의해 명확히 인정됨.

(3) 회사성립후 양수재산에 관한 사항

회사성립후 양수키로 약정한 재산은 발기인 ○○○ 소유의 어떠한 재산으로서 이는 회사의 영업상 필요할 뿐만 아니라 그 가격도 적정하여 그에 관한 정관의 규정은 타당하다고 인정됨.

(4) 회사가 부담할 설립비용 및 발기인의 보수에 관한 사항

회사가 부담할 설립비용과 발기인의 보수내역은 별첨계산서와 같은바, 그 부담 및 지출은 필요 적정하다고 사료됨.

3. 부속서류

(1) 정관사본	1통
(2) 현물출자재산인도증사본	1통
(3) 재산인수계약서	1통
(4) 감정사의 재산평가서	○통
(5) 설립비용 등 계산서사본	1통
(6) 현물출자재산평가서사본	1통

위와 같이 보고함

20○○년 ○월 ○○일

○○주식회사

검사인 ○○○ (인)

○○지방법원 귀중

제3절 모집설립

일반적으로 넓게 출자를 모집하는 경우를 「모집설립」이라고 한다. 모집설립의 경우 투자자들이 회사설립을 위한 절차에 참가하고, 설립절차에 필요한 직무를 실시하고, 책임도 함께하게 된다. 그 때문에 회사경영에는 관심이 없이 단지 출자를 할 뿐이라고 하는 투자자의 입장에 있는 사람이 많은 경우에는 모집설립을 선택하게 된다.

모집설립에서는 발기설립과 달리 발기인 이외의 인물도 출자액의 범위에서 이해를 같이하기 때문에 절차가 비교적 엄격해진다. 원래 회사의 설립에서는 회사의 근본원칙을 정리한 「정관」을 작성하고, 주식할당에 따른 금전 등의 지불(출자의 이행), 임원 등의 결정, 그리고 마지막에 설립등기라고 하는 것이 대략적인 흐름이다. 발기설립에서는 출자의 이행을 하는 사람이 발기인뿐이지만, 모집설립에서는 다른 출자자가 있다. 따라서 임원 등을 결정하는 것도 모집설립에서는 출자를 한 주주(주식인수인)의 의견을 도입하지 않으면 안 된다.

발기인이 회사설립 시 발행하는 주식의 총수를 인수하지 않는 경우에는 남은 주식을 인수할 주주를 모집한다. 회사의 주주가 되려는 사람은 주식을 청약하며, 주식을 발기인으로부터 배정받는다. 주식을 인수하는 발기인 및 주식청약자는 그 주식의 인수금을 납입해야 한다. 발기인이나 주식청약자가 주식 인수금을 납입하지 않은 경우에는 강제이행이나 실권절차를 거쳐 주식 인수금을 납입하도록 한다.

1. 발기인의 주식인수

각 발기인은 서면에 의하여 주식을 인수해야 한다(상법 제293조). 모집설립의 경우 발기인은 주식의 전부가 아닌 일부를 인수하면 된다.[13]

발기인의 주식인수는 주주를 모집할 때 주식청약서에 각 발기인이 인수한 주식의 종류와 수를 기재해야 하므로 주주를 모집하기 전에 이루어져야 한다(상법 제302조 제2항 제4호 참조).

발기인은 주식인수에 의하여 설립 중의 회사의 구성원이 되고, 금전출자의 경우에는 인수가액에 대하여, 현물출자의 경우에는 그 목적재산에 대하여 출자의무를 부담하게 된다(〈서식례 4-1〉 및 〈서식례 4-2〉 주식인수증 참조).

2. 주주의 모집

발기인이 회사의 설립 시에 발행하는 주식의 총수를 인수하지 않은 때에는 주주를 모집해야 한다(상법 제301조). 모집설립에서는 발기인에 의한 정관의 작성 후, 출자자를 모집하게 된다. 발기인의 판단에 의해 설립 시 주식을 인수할 사람을 모집하는데, 발기인이 복수 있는 경우에는 그 전원이 동의하지 않으면 안 된다. 모집설립에서는 발기인 자신들 이외의 자로부터 출자를 얻기 위해 모집을 실시하는 것이기 때문에 회사의 경영권이 일부 타인에게 넘어가는 중대한 일이다. 따라서 발기인 전원의

---

13 주식인수를 증명하는 정보에 대한 서면형식에는 제한이 없으며, 이 정보는 이후에 회사설립 등기를 신청할 때 제공해야 한다(「상업등기법」 제24조 제3항 및 「상업등기규칙」 제129조 제2호 참조).

동의를 필요로 하는 것이다.

　모집설립을 한다고 결정하면 다음에 모집내용을 결정하게 된다. 그 내용으로서는 「설립 시 모집주식의 수」, 「납입금액」, 「납입기일 또는 납입기간」 등이 있다. 또 필요에 따라서는 「일정한 날까지 회사의 설립등기가 되지 않으면 인수를 취소할 수 있는 취지」를 정할 수 있고, 그 경우에는 그 일시도 모집사항으로서 정한다.

3. 주식인수의 청약

1) 청약의 방법

　주식인수의 청약을 하려는 자는 주식청약서 2통에 인수할 주식의 종류 및 수와 주소를 기재하고 기명날인 또는 서명해야 한다(상법 제302조 제1항).[14] 주식청약서에 의하지 않은 주식인수의 청약은 청약으로서의 효력이 없다. 2통의 주식청약서에 기재할 것을 요구하는 것은 그 가운데 1통을 회사가 보관하고 다른 1통을 설립등기신청서에 첨부하도록 하기 위한 것이다.

14　주식청약서 2통 중 1통은 회사가 보관하고, 다른 1통은 회사설립 등기 시 제출한다(「상업등기법」 제24조 제3항 및 「상업등기규칙」 제129조 제3호 참고).

2) 주식청약서

주식청약서는 발기인이 작성하고 다음의 사항을 적어야 한다(상법 제302조 제2항).

① 정관의 인증연월일과 공증인의 성명

② 정관의 절대적 기재사항, 변태설립사항

③ 회사의 존립기간 또는 해산사유를 정한 때에는 그 규정

④ 각 발기인이 인수한 주식의 종류와 수

⑤ 설립 당시의 주식발행사항

⑥ 주식의 양도에 관하여 이사회의 승인을 얻도록 정한 때에는 그 규정

⑦ 주주에게 배당할 이익으로 주식을 소각할 것을 정한 때에는 그 규정

⑧ 일정한 시기까지 창립총회를 종결하지 않은 때에는 주식의 인수를 취소할 수 있다는 뜻

⑨ 납입을 맡을 은행 기타 금융기관과 납입장소

⑩ 명의개서대리인을 둔 때에는 그 성명 · 주소 및 영업소

발기인 등이 부실한 주식을 모집함에 있어서 중요한 사항에 관하여 부실한 기재가 있는 주식청약서 등을 행사한 때에는 5년 이하의 징역 또는 1,500만 원 이하의 벌금에 처한다(상법 제627조 제1항).

주식청약서

1. 상호 ○○주식회사
2. 인수할 주식의 종류와 수 ○○주식 ○○주
3. 위 총액 금 ○○○원
4. 1주의 금액 금 ○○○원

귀 회사의 정관과 이 청약서에 기재한 사항을 승낙하고 위 주식을 인수청약합니다.

20○○년 ○월 ○일
주식청약인 ○○○ (인)(기명날인 또는 서명함)
서울 ○○구 ○○동 111번지

○○주식회사 발기인 대표 귀하

---

3) 청약증거금

실제에 있어서는 주식을 청약할 때에 청약주식의 발행가액 전액 또는 그 일부를 청약증거금으로 납입하게 하는 것이 일반적인 관례이다.

청약증거금은 원래 주식청약인의 신용을 확인하고 납입을 확실하게 하기 위하여 징수하는 것으로서, 청약에 대하여 주식의 배정이 있으면 인수가액의 납입의 일부로 충당하고, 청약인이 납입을 태만히 하여 실권하면 위약금으로 몰수하며 배정이 없는 때에는 반환되는 것이었다. 그러나 오늘날에는 청약주식의 발행가액 전액을 청약증거금으로서 납입하게 하고 선착순으로 주식을 배정하여 그 청약증거금을 납입기일에 주금납입액으로 충당하는 것이 보통이다.[15]

---

15   이형규, 전게서, 132면.

청약증거금을 인수주식의 납입대금 이외에 사용하는 경우에는 업무상 횡령죄가 성립할 수 있다.[16]

4) 청약의 무효와 취소

주식청약서에 기재하여야 할 사항은 주식청약인의 이익을 보호하기 위하여 법정하고 있기 때문에 기재사항의 흠결이 있거나 하자가 있는 때에는 주식청약서가 무효로 되고 이에 따라 주식인수의 청약도 무효로 될 수 있다. 다만, 기재사항 중에 흠결 또는 하자가 있더라도 그것이 주식인수인의 판단에 영향을 미치지 않는 경우에 주식청약서는 무효가 되지 않는다고 본다. 예컨대 회사가 「공고하는 방법」과 같은 기재는 그것이 누락(漏落) 또는 오기(誤記)된 경우에도 주식청약서를 무효로 할 필요는 없을 것이다.[17]

한편 주식청약의 무효나 취소는 회사의 설립에 영향을 미쳐서 제3자의 이익을 해칠 수 있기 때문에 가급적 이를 피하기 위하여 상법은 다음과 같은 특칙을 두고 있다.

① 주식청약서에 법정기재사항의 흠결이 있는 경우에도 주식인수인은 창립총회에 출석하여 권리를 행사하였거나 회사가 성립한 후에는 주식인수의 무효를 주장할 수 없다(상법 제320조 제1항, 제2항).

② 사기 또는 강박에 의한 청약은 취소할 수 있는 것이 원칙이지만, 회사성립 후에는 주식을 인수한 자는 사기, 강박 또는 착오를 이유로 하여 그 인

---

16 증권회사의 직원이 그 회사가 발행한 당좌수표의 부도를 막기 위하여 고객들로부터 교부받아 금융기관에 별도로 예치해 둔 주식청약증거금을 인출하여 그 회사의 당좌계정에 대체입금시켰다면 업무상 횡령죄가 성립된다(대법원 1980. 10. 27. 선고 79도184 판결).

17 이형규, 전게서, 132면.

수를 취소하지 못한다(동조 제1항).

③ 주식인수 청약을 할 때 「민법」 제107조 제1항 단서의 규정은 주식인수의 청약에 적용되지 않으므로 주식인수의 청약을 한 자가 진의 아닌 의사를 표시하고 발기인이 이를 알았거나 알 수 있었던 경우라도 청약이 무효가 되지 않고 유효한 청약이 된다(상법 제302조 제3항).

④ 청약인이 가설인 또는 타인명의로 청약을 한 때에도 주식의 배정이 있으면 청약인은 인수인으로서 납입의무를 부담하고, 만약 타인이 명의의 사용을 승낙한 때에는 그 타인도 연대하여 납입의 책임을 부담하게 된다(상법 제332조). 납입의 책임을 면하기 위하여 타인 또는 가설인의 명의로 주식 또는 출자를 인수한 자는 1년 이하의 징역 또는 300만 원 이하의 벌금에 처한다(상법 제634조).

⑤ 다만, 무능력자에 의한 주식인수에 관하여는 일반원칙이 그대로 적용되므로 회사성립 후에도 주식인수를 취소할 수 있다. 그리고 주식청약서에 의하지 않은 주식의 청약에 관하여는 비록 주식의 배정을 받아 납입이 행하여진 경우에도 청약인은 언제든지 주식인수의 무효를 주장하여 납입금을 반환받을 수 있다(상법 제302조 제1항). 그 밖에도 주식청약서에 기재한 시기까지 창립총회가 종결되지 않은 때에는 주식인수인은 청약을 취소할 수 있다(동조 제2항 제8호).

4. 주식의 배정과 인수

발기인은 배정방법을 미리 공고하지 않은 이상 주식 총수에서 자유롭게 주식을 배정할 수 있다. 발기인이 주식을 배정하면 주식인수가 성립하게 되며, 주식인수인은 발기인이 배정한 주식의 수에 따라서 인수가액을 납입할 의무를 부담한다(상법 제303조).

모집한 주식의 총수에 대한 청약이 있는 때에는 발기인은 청약인에게 주식을 인수시킬 것인지의 여부, 그리고 몇 주를 인수시킬 것인지를 결정하여야 하는데, 이러한 발기인의 행위를 주식의 배정이라고 한다.

발기인에 의한 주식의 배정은 주식청약인에 대한 의사표시로 한다. 그러나 주식의 청약은 반드시 주식청약서에 의해 하는 요식행위이지만 주식의 배정은 불요식행위이다. 따라서 주식의 배정은 반드시 서면으로 할 필요는 없고 구두로 할 수도 있다.

배정방법에 관하여 특별한 정함이 없는 경우에 발기인은 청약의 순서라든가 청약주식의 수 등에 관계없이 자유로이 주식을 배정할 수 있다. 이것을 주식배정자유의 원칙이라고 한다. 그러나 주주모집의 광고나 사업설명서 또는 주식청약서에 주식배정에 관한 방법을 정한 경우, 예컨대 청약주식수에 따라 안분비례로 배정한다든지, 추첨으로 배정한다든지 또는 청약의 순서로 배정한다는 것 등을 기재한 경우에는 당연히 그 방법에 따라야 한다.[18]

오늘날에는 청약 시에 일률적으로 청약주식의 발행가액전액을 청약증거금으로서 납입시키고 청약이 모집주식의 총수에 달하면 모집을 마감하는 방법을 많이 사용하고 있으므로 실제로는 주식배정자유의 원칙이 적용될 여지가 거의 없다.

---

18 상장회사의 경우에는 최근 주식시장에서 개인의 직접투자 확대에 따른 일반청약자 배정 방식의 형평성 제고 목적으로 금융위원회가 개선방안을 발표함에 따라 공모주 배정방식을 종래의 일반청약자의 청약주식수에 비례한 안분배정(비례방식) 방식에서 절반 이상은 '균등방식'으로 배정하는 것으로 변경하고 있다(금융위원회, "기업공개(IPO)시 일반청약자의 공모주 배정기회가 확대됩니다", 2020. 11. 18. 〈https://blog.naver.com/blogfsc/222147574864〉).

5. 출자의 이행

1) 인수가액의 전액 납입

회사설립 시에 발행히는 주식의 총수가 인수된 때에는 발기인은 지체 없이 주식인수인에 대하여 각 주식에 대한 인수가액의 전액을 납입시켜야 하며, 인수가액의 납입은 주식청약서에 기재한 납입장소에서 해야 한다(상법 제305조 제1항 및 제2항).

2) 납입금에 대한 상계허용

개정 전 상법 제334조에서는 주주의 납입금에 관하여 회사와 상계(相計)할 수 없도록 금지하고 있었으나, 2011년 개정상법에서는 이를 삭제(법률 제10600호, 2011. 4. 14.)하여 납입금에 관하여 회사와 합의로 상계[19] 할 수 있도록 하였다(상법 제421조 제2항 참조).

3) 주식인수금 납입기관

인수가액의 납입은 주식청약서에 기재한 납입장소에서 해야 한다(상법 제305조 제2항). 따라서 발기인은 납입 금융기관(납입금 보관자)과 납입장소를 정해 이를 주식청약서에 기재해야 한다(상법 제302조 제2항 제9호).

---

19 "상계"란 쌍방이 서로 같은 종류를 목적으로 한 채무를 부담한 경우에 그 쌍방의 채무의 이행기가 도래한 때에는 각 채무자는 대등액에 관하여 소멸시킬 수 있는 권리를 말한다(「민법」 제492조 제1항).

인수가액을 납입할 때 납입금의 보관자 또는 납입장소를 변경할 때에는 법원의 허가를 얻어야 하며, 발기인 또는 이사가 납입금 보관자 또는 납입장소를 변경하는 사유를 소명(疏明)하여 회사 본점소재지 지방법원합의부 관할법원에 허가를 신청해야 한다(상법 제306조, 「비송사건절차법」 제72조 및 제82조).

설립등기를 신청하는 경우 주금의 납입을 맡은 은행, 그 밖의 금융기관의 납입금 보관을 증명하는 정보를 제공해야 하므로, 납입금을 보관한 은행이나 그 밖의 금융기관은 발기인 또는 이사의 청구를 받으면 그 보관금액에 관하여 증명서를 발급해야 한다(상법 제318조 제1항 및 「상업등기규칙」 제129조 제12호).

자본금 총액이 10억 원 미만인 회사를 위의 방법에 따라 발기설립하는 경우에는 증명서를 은행이나 그 밖의 금융기관의 잔고증명서로 대체할 수 있다(상법 제318조 제3항). 은행이나 그 밖의 금융기관은 증명한 보관금액에 대하여는 납입이 부실하거나 그 금액의 반환에 제한이 있다는 것을 이유로 회사에 대항하지 못한다(상법 제318조 제2항).

<서식례 4-9> 주식납입금보관증명서

주식납입금보관증명서

1. 금 ○○○만 원

발행주식총수 ○○○만 주

1주의 금액 ○○○원

위 금액은 귀 회사설립 시에 발행하는 주식총수에 대한 납입금으로서 20○○년 ○월 ○○일 납입이 완료되어 현재 이를 보관중임을 증명합니다.

20○○년 ○○월 ○○일

주식회사 ○○은행

대표이사 ○○○ (인)

(또는 주식회사 ○○은행 ○○지점 지점장 ○○○ (인))

○○주식회사

발기인 대표 ○○○ 귀하

4) 현물출자로 이행하는 경우

현물출자를 하는 주식인수인은 납입기일에 지체 없이 출자의 목적인 재산을 인도하고 등기, 등록, 그 밖의 권리의 설정 또는 이전을 요할 경우에는 이에 관한 서류를 완비하여 교부하여야 한다(상법 제295조 제2항 및 제305조 제3항).

〈현물출자의 절차〉

현물(재산)의 가치평가의뢰	현물을 출자하는 발기인은 공인된 감정인(감정평가기관)에게 평가를 의뢰

↓

현물의 평가액 결정 및 통보	공인된 감정평가기관 또는 기술평가기관에서 현물출자의 대상물을 평가하여 그 가액을 신청인에게 통보

↓

정관에 기재 (발기인조항)	현물출자를 하는 자의 성명과 그 목적인 재산의 종류 · 수량 · 가격과 이에 대하여 부여할 주식의 종류와 수를 기재

↓

현물출자 이행	현물출자를 하는 발기인은 납입기일에 지체 없이 출자의 목적인 재산을 인도하고 등기, 등록, 기타 권리의 설정 또는 이전을 요할 경우에는 이에 관한 서류를 완납하여 교부함

↓

이사 · 감사 선임	현물출자의 이행(주금납입 포함)이 완료되면 발기인은 지체 없이 의결권의 과반수로 이사와 감사를 선임

↓

검사인 선임 신청	이사는 취임 후 관할소재지의 지방법원에 검사인의 선임을 청구하여야 함. 검사인의 선임신청은 이사 전원의 연서로 신청서를 작성

↓

검사인 조사보고	검사인은 변태설립사항과 납입 및 현물출자의 이행사항에 대하여 조사를 실시하고 조사보고서 등본을 각 발기인에게 교부 검사인의 조사보고 소요시간: 통상 15일 이상 소요

↓

발기인의 설명서 제출	검사인의 조사보고서에서 사실과 상이한 사항이 있는 때에는 발기인은 이에 대한 설명서를 법원에 제출할 수 있음

〈서식례 4-10〉 현물출자 재산인도증

재산인도증

상호	주식회사 ○○○
인수할 주식수	○○주
위 총액	금 ○○ 원
1주의 금액	금 ○○ 원

본인은 서기 20○○년 ○월 ○일 발기인으로서 위의 주식을 인수하고 다음 재산을 현물출자 하였으므로 그 출자재산을 귀사에 확실히 인도함과 동시에 상법 제295조 제2항 소정의 일체의 서류를 이에 교부합니다.

서기 20○○년 ○월 ○일

현물출자자 발기인 ○○○ (인)

주식회사 ○○○ 발기인 대표 ○○○ 귀하

5) 주식인수인의 실권절차

주식인수인이 납입을 하지 않은 때에는 발기인은 일정한 기일을 정하여 그 기일 내에 납입을 하지 않으면 그 권리를 잃는다는 뜻을 기일의 2주간 전에 그 주식인수인에게 통지해야 한다(상법 제307조 제1항). 이러한 통지를 받은 주식인수인이 그 기일 내에 납입의 이행을 하지 않은 때에는 그 권리를 잃는다(동조 제2항 전단). 이 경우에는 발기인은 다시 그 주식에 대한 주주를 모집할 수 있으며(동조 제2항 후단), 주식인수인에 대한 손해배상을 청구할 수 있다(동조 제3항).

6) 주식인수금의 가장납입 문제

(1) 납입가장죄(納入假裝罪)

발기인이 납입 또는 현물출자의 이행을 가장하는 행위를 한 때에는 5년 이하의 징역 또는 1,500만 원 이하의 벌금에 처해지며, 이러한 행위에 응하거나 이를 중개한 자도 같은 처벌을 받는다(상법 제628조 제1항 및 제2항).

발기인 및 발기인 등의 납입가장에 응하거나 중개한 사람이 받을 징역과 벌금은 병과(竝科)될 수 있다(상법 제632조).

발기인이 법인인 때에는 그 행위를 한 법인의 이사, 집행임원, 감사 그 밖에 업무를 집행한 사원 또는 지배인이 벌칙을 부담한다(상법 제637조).

(2) 가장납입의 효력

가장납입에는 두 가지의 형태가 있다. 하나는 주식회사의 설립에 있어서 발기인들과 납입보관은행 등 금융기관이 통모하여 납입금이 없거나 부족한데도 불구하고 발기인이 납입보관증명을 가지고 권리주장을 하지 않겠다는 약속하에 은행이 발기인에게 납입보관증명을 발급하여 발기인이 이를 가지고 설립등기를 필하는 사례(예합(預合)이라 한다)가 있다. 즉, 금융기관으로부터 돈을 빌린 뒤, 그것을 설립 중인 회사의 예금으로 대체하여 주식의 납입을 가장하고, 한편 이 차입금을 변제할 때까지는 그 예금을 인출하지 않을 것을 약속하는 방법이다. 통모가장납입 즉, 예합은 납입은행과 공모하여 이루어지는 것이 일반적이다. 이러한 통모가장납입에서는 계산상으로만 납입이 있을 뿐 실제로는 금전의 수수가 없다. 이에 대하여 상법은 발기인 또는 이사의 청구를 받으면 납입금을 보관한 은행이나 그 밖의 금융기관은 그 보관금액에 관하여 증명서(납입금보관증명서)를 발급하도록 하고 있다(상법 제318조 제1항). 이와 같은 납입금보관증명서를 발행한 경우 은행이나 그 밖의 금융기관은 증명한 보관금액에 대하여는 납입이 부실하거나 그 금액의 반환에 제한이 있다는 것을 이유로 회사에 대항하지 못한다(동조 제2항).

다른 하나는 실제로 자주 일어나는 가장납입의 한 형태로서 발기인이 납입은행과의 결탁 없이 타인으로부터 차용하여 납입금으로 내고 납입보관증명을 받아 설립등기를 마친 후, 즉시 납입보관은행으로부터 인출하여 변제하는 위장납입의 방법(견금(見金)이라고 한다)이 있다. 이는 납입은행과 공모하는 가장납입에 대한 엄격한 법의 규제를 회피하는 방법으로 자주 이용되어 왔다. 판례는 가장납입 행위가 이루어졌다고 하더라도 회사의 설립이나 증자와 같은 집단적 절차의 일환을 이루는 주금납입의 효력은 있다고 판시하였다.[20]

주금 가장납입(견금)의 효력[21]

일시적인 차입금으로 단지 주금납입의 외형을 갖추고 회사설립이나 증자 후 곧바로 그 납입금을 인출하여 차입금을 변제하는 주금의 가장납입의 경우에도 금원의 이동에 따른 현실의 불입이 있는 것이고, 설령 그것이 실제로는 주금납입의 가장 수단으로 이용된 것이라고 할지라도 이는 그 납입을 하는 발기인 또는 이사들의 주관적 의도의 문제에 불과하므로, 이러한 내심적 사정에 의하여 회사의 설립이나 증자와 같은 집단적 절차의 일환을 이루는 주금납입의 효력이 좌우될 수 없다.

20　대법원 1997. 5. 23. 선고 95다5790 판결.
21　대법원 1997. 5. 23. 선고 95다5790 판결.

7) 가장납입한 주주의 지위

판례는 주식인수인이 가장납입의 형태로 주금을 납입한 후 회사가 청구한 주금 상당액을 납입하지 않은 경우 주주로서의 지위를 상실하지 않으며, 주금을 납입하지 않은 채 그 납입일로부터 상당 기간이 지난 후 주주임을 주장하는 것이 신의성실의 원칙에 반하지 않는다고 판시하였다.[22]

가장납입 주주의 지위[23]

회사설립 당시 원래 주주들이 주식인수인으로서 주식을 인수하고 가장납입의 형태로 주금을 납입한 이상 그들은 바로 회사의 주주이고, 그 후 그들이 회사가 청구한 주금 상당액을 납입하지 아니하였다고 하더라도 이는 회사 또는 대표이사에 대한 채무불이행에 불과할 뿐 그러한 사유만으로 주주로서의 지위를 상실하게 된다고는 할 수 없으며, 또한 주식인수인들이 회사가 정한 납입일까지 주금 상당액을 납입하지 아니한 채 그로부터 상당 기간이 지난 후 비로소 회사의 주주임을 주장하였다고 하여 신의성실의 원칙에 반한다고도 할 수 없다.

6. 창립총회의 개최

1) 창립총회의 의의

「창립총회」란 모집설립의 경우에 회사설립을 위해 발기인이 소집

---

22   대법원 1998. 12. 23. 선고 97다20649 판결.
23   대법원 1998. 12. 23. 선고 97다20649 판결.

하는 주식인수인으로 구성된 설립 중의 회사의 의사결정기관을 말한다.

2) 창립총회의 소집방법

주금의 납입과 현물출자의 이행을 완료한 때에는 발기인은 지체 없이 창립총회를 소집하여야 한다(상법 제308조 제1항).

〈서식례 4-11〉 창립총회 소집기간 단축동의서

창립총회 소집기간 단축동의서

아래에 기명날인한 본인들은 주식회사 ○○○의 창립총회의 소집기간을 단축하여 아래와 같이 창립총회를 개최하는 데 대하여 이의 없이 동의합니다.

　일시: 20○○년 ○월 ○일
　장소: ○○시 ○○구 ○○동 ○○빌딩 3층
　의안: 1. 창립총회보고의 건
　　　　2. 정관승인의 건
　　　　3. 이사, 감사 선임의 건
　　　　4. 상법 제313조에 정한 사항의 조사보고의 건
　　　　5. 본점설치장소 결정의 건

20○○년 ○월 ○일
주주 ○○○ (인)
주주 ○○○ (인)
주주 ○○○ (인)
주주 ○○○ (인)
(이하 주주 전원의 기명날인 또는 서명)

창립총회를 소집하려면 창립총회일 2주 전에 각 주식인수인에게 서면으로 통지를 발송하거나 각 주식인수인의 동의를 받아 전자문서로 통

지를 발송해야 한다(상법 제308조 제2항 및 제363조 제1항). 자본금 총액이 10억 원 미만인 회사는 주주 전원의 동의가 있을 경우에는 소집절차 없이 주주총회를 개최할 수 있다(상법 제363조 제4항).[24]

〈서식례 4-12〉 창립총회 소집통지서

창립총회 소집통지서

상법 제308조에 의하여 본 회사의 창립총회를 다음과 같이 개최하고자 하오니 참석하여 주시기 바랍니다.

- 다음 -

1. 일시: 20○○년 ○월 ○일 오전 ○시
2. 장소: ○○시 ○○구 ○○동 ○○번지 본 회사 창립사무소
3. 회의의 목적사항

    (1) 발기인의 창립사항 보고
    (2) 정관 승인의 건
    (3) 이사, 감사의 선임의 건과 보수액 결정의 건
    (4) 상법 제313조 소정사항 조사 · 보고의 건(이 보고는 이사, 감사가 조사보고 하는 것이다.)
    (5) 본점소재지 결정의 건

20○○년 ○월 ○일

○○ 주식회사

발기인 대표 (인)

○○○ 귀하

---

[24] 자본금 총액이 10억 원 미만인 회사는 주주 전원의 동의가 있을 경우에는 서면에 의한 결의로써 주주총회의 결의를 갈음할 수 있다. 결의의 목적사항에 대하여 주주 전원이 서면으로 동의를 한 때에는 서면에 의한 결의가 있는 것으로 본다(상법 제363조 제4항).

창립총회 소집통지서에는 회의의 목적사항을 적어야 하며, 창립총회일과 소집장소, 시간, 총회에서 논의할 사항 등을 기재한다(상법 제308조 제2항 및 제363조 제2항). 창립총회에서 회의할 사항을 소집통지서에 기재하도록 하지만, 정관변경 또는 회사설립 폐지 결의와 같은 사항은 소집통지서에 기재하지 않아도 창립총회에서 논의할 수도 있다(상법 제316조 제1항, 제2항).

3) 창립총회의 소집장소

정관에 창립총회 소집장소에 대한 규정이 없으면, 발기인은 회사 본점소재지 또는 인접한 장소에서 창립총회를 개최해야 한다(상법 제308조 제2항 및 제364조).

4) 창립총회의 권한

창립총회에서 회사설립에 관한 모든 사항을 논의하거나 결정하지만, 상법에는 다음과 같은 사항을 창립총회에서 하도록 규정하고 있다.

(1) 발기인의 창립사항 보고

발기인은 회사의 창립에 관한 사항을 서면으로 창립총회에 보고해야 한다(상법 제311조 제1항). 보고서에는 ① 주식인수와 납입에 관한 제반 사항, ② 변태설립사항에 관한 실태를 명확히 기재해야 한다(동조 제2항, 〈서식례 4-13 발기인의 창립사항 보고서〉 참조).

〈서식례 4-13〉 발기인의 창립사항 보고서

창립사항 보고서

본인 등은 본 회사의 발기인으로서 회사창립에 관한 사항을 다음과 같이 보고합니다.

1. 본인 등은 회사의 설립 목적을 정관 제○조와 같이 정하고 회사가 발행할 주식의 총수는 ○○만 주, 설립 시에 발행하는 주식의 총수, 각종 주식의 종류와 수는 ○○주식 ○만 주, ○○주식 ○만 주, 총 ○만 주, 1주의 금액은 금 ○○원, 자본금은 금 ○○○만 원으로 하는 주식회사를 설립하고자 기획하고 ○○○를 발기인 대표로 선임하여 회사설립 시까지의 필요한 사항에 관하여 발기인을 대표하기로 하였음.
2. 본인 등은 20○○년 ○월 ○일 회사정관을 작성하고 20○○년 ○월 ○일 ○○지방검찰청 소속 공증인 ○○○으로부터 그 공증을 받았음.
3. 본인 등은 20○○년 ○월 ○일 전원 일치로 1주의 발행가액을 금 ○○원으로 정하여 설립 시에 발행하는 주식총수 ○만 주 중 ○만 주만을 본인 등이 인수하고 잔여주식 ○만 주는 주식청약서를 작성하여 주주모집에 착수했던바, 20○○년 ○월 ○일까지 잔여주식 전부에 대한 소정의 주식인수청약이 있었음.
4. 위 주식인수에 대하여 20○○년 ○월 ○일 납입받을 은행인 주식회사 ○○은행 ○○지점에서 20○○년 ○월 ○일까지 그 주식금 전액을 납입할 것을 통지하였던바, 동년 20○○년 ○월 ○일 그 납입이 완료되어 그 납입금을 발기인 대표명의로 위 은행에 별단예금으로 보관하였음.
5. 본 회사의 현물출자를 한 사람은 전혀 없습니다.
6. 이상과 같이 인수와 납입 등이 완료되었으므로 본인 등은 조속히 회사를 설립시키고자 하여 주식인수인 전원의 동의를 얻어 2주간의 법정기간을 단축하여 오늘 창립총회를 개최하기에 이르렀음.

위와 같이 보고함.

20○○년 ○월 ○일

○○○ 주식회사

발기인 대표 ○○○ (인)

(이하 발기인 전원의 기명날인 또는 서명)

(2) 임원의 선임

창립총회에서는 이사와 감사를 선임한다(상법 제312조). 창립총회에서 선임된 이사들은 이사회의 결의로 대표이사를 선정하여야 한다(상법 제389조 제1항 본문). 창립총회의 결의는 출석한 주식인수인의 의결권의 3분의 2 이상이며 인수된 주식의 총수의 과반수에 해당하는 다수로 하여야 한다(상법 제309조).

설립등기신청서에는 이사와 감사의 취임승낙을 증명하는 서면을 첨부하여야 한다(상업등기규칙 제129조 제10호). 취임승낙을 증명하는 서면에는 취임하는 자가 취임승낙의 뜻을 기재하고 「인감증명법」에 따라 신고한 인감을 날인하고 그 인감증명을 첨부하거나 그 서면에 본인이 기명날인 또는 서명하였다는 공증인의 인증서면을 첨부해야 한다(상업등기규칙 제154조 제2항 → 제104조 제1항 본문). 인감증명서는 발행일로부터 3개월 이내의 것이어야 한다(상업등기규칙 제52조 제4항, 〈서식례 4-3〉 발기인 총회 의사록과 〈서식례 4-4〉 취임승낙서 참조).

선임된 이사는 정관에 다른 규정이 없으면 이사회를 개최하여 대표이사를 선임하여야 한다. 대표이사의 선임에 관하여는 의사의 경과요령과 그 결과를 기재한 이사회의 의사록을 작성하고 출석한 이사와 감사가 기명날인 또는 서명하여야 한다. 대표이사의 취임승낙을 증명하는 서면을 첨부하여야 하므로 대표이사의 취임승낙서 또는 대표이사로 선임된 자가 그 취임을 승낙한다는 뜻을 기재하고 기명날인을 한 이사회의 의사록을 첨부하여야 한다.

(3) 설립경과에 관한 조사·보고

창립총회에서는 변태설립사항에 대한 검사인의 조사 · 보고(상법 제 310조 제2항)와 설립경과 전반에 대한 이사 및 감사의 조사 · 보고(상법 제 313조 제1항) 등을 받는다.

이사와 감사는 취임 후 지체 없이 회사의 설립에 관한 모든 사항이 법령 또는 정관의 규정에 위반되지 아니하는지의 여부를 조사하여 창립 총회에 보고하여야 한다(상법 제313조 제1항).

① 회사설립 시에 발행하는 주식총수에 대한 인수가 있었는지의 여부

② 인수가액의 전액이 납입취급장소에 납입되었는지의 여부와 현물출자가 있는 경우에는 그 목적재산이 하자 없이 급부되었는지의 여부

③ 변태설립사항이 있는 경우에는 법원이 선임한 검사인의 보고가 정확한지 의 여부를 조사하여 보고하여야 한다.

〈서식례 4-14〉 이사 · 감사의 조사보고서

조사보고서

본인 등은 20○○년 ○월 ○○일 본 회사 창립총회에서 이사와 감사로 선임되었으므 로 상법 제313조 소정사항을 조사하여 다음과 같이 보고함.

조사사항 및 조사결과

1. 회사설립 시에 발행하는 주식의 총수에 대한 인수의 정확여부

회사설립 시에 발행하는 주식의 총수는 ○○만 주(1주의 금액 금○○원)으로서 다 음과 같이 인수가 완료되었음이 인정됨.

발기인이 인수한 주식수 ○만 주(20○○년 ○월 ○○일 인수완료)
주식청약인이 인수한 주식수 ○만 주(20○○년 ○월 ○○일 인수완료)

---

2. 인수주식에 대한 납입의 정확여부

회사설립 시에 발행하는 주식총수 ○만 주에 대한 주식금액 금○○○만 원이 20○○년 ○월 ○○일에 납입이 완료되었음은 그 납입을 맡은 주식회사 ○○은행 ○○지점이 발행한 주식납입금보관증명서에 의하여 명확히 확인됨.

3. 현물출자의 이행의 정확여부나 검사인이 보고서의 정확여부

현물출자를 한 자가 없고 정관에 상법 제290조 소정사항을 정하지 아니하여 검사인을 선임할 필요가 없었으므로 그에 관한 정확여부는 조사할 필요가 없었음.

[유례] 정관에 변태설립사항(상법 290)에 관한 규정이 있는 경우

3. 현물출자이행의 정확여부와 검사인보고서의 정확여부

이에 관한 사항은 검사인 ○○○ 작성의 조사보고서와 그 부속서류의 기재내용을 검토한바, 그의 정확함을 인정할 수 있었음(법원 선임 검사인 있는 경우).

4. 현물출자 이행의 정확여부와 공증인과 감정인의 감정의 정확여부

변태설립사항이 상법 제299조의2에 해당되어 공증인 ○○○ 작성의 조사보고서과 감정인 ○○○ 작성의 감정서과 그 부속서류의 기재내용을 검토한바, 그의 정확함을 인정할 수 있었음(공증인이 검사인의 조사보고에 갈음하는 경우).

5. 기타 회사설립 시에 관한 모든 사항이 법령 또는 정관의 규정에 위반되지 아니함.

위와 같이 보고함.

20○○년 ○○월 ○○일

○○ 주식회사

이사 ○○○ (인)

이사 ○○○ (인)

이사 ○○○ (인)

감사 ○○○ (인)

이사와 감사의 설립경과에 대한 보고는 발기인의 보고와 달리 그 제한이 없으므로 서면보고뿐 아니라 구두보고도 할 수 있다. 창립총회에서 선임된 이사·감사가 즉시 보고하는 것은 불가능하므로 선임 후 실질적인 조사를 하고 적당한 시간 내에 창립총회를 속행하여 이를 보고하면

된다.[25]

(4) 정관변경, 설립폐지의 결의

창립총회에서는 정관의 변경 또는 설립의 폐지를 결의할 수 있다. 이러한 결의는 소집통지서에 그 뜻의 기재가 없는 경우에도 이를 할 수 있다(상법 제316조).

5) 창립총회에서의 의결권과 결의방법

(1) 창립총회에서의 의결권

창립총회에서 주식인수인이 갖는 의결권은 1주마다 1개로 한다(상법 제308조 제2항 및 제369조 제1항).

① 의결권의 불통일 행사

주식인수인이 2 이상의 의결권을 가지고 있는 때에는 이를 통일하지 않고 행사할 수 있다. 이 경우 주주총회일의 3일 전에 회사에 대하여 서면 또는 전자문서로 그 뜻과 이유를 통지해야 한다(상법 제308조 제2항 및 제368조의2 제1항).

다만, 주주가 주식의 신탁을 인수하였거나 그 밖에 타인을 위하여 주식을 가지고 있는 경우 외에는 회사는 주주의 의결권의 불통일행사를 거부할 수 있다(상법 제308조 제2항 및 제368조의2 제2항).

---

25 이형규, 전게서, 148면.

<서식례 4-15> 의결권의 대리행사에 관한 위임장

위임장

성명: ○ ○ ○

○ ○ 시 ○ ○ 구 ○ ○ 동 ○ ○ 번지

본인은 위 사람을 대리인으로 정하고 다음의 권한을 위임함.
1. 20○○년 ○월 ○일 개최하는 ○ ○ 주식회사의 창립총회에 출석하여 그 의결권
을 행사하는 행위

20○○년 ○월 ○일

주주 ○ ○ ○ (인)

○ ○ 시 ○ ○ 구 ○ ○ 동 ○ ○ 번지

---

② 의결권의 대리행사

주식인수인은 대리인으로 하여금 그 의결권을 행사하게 할 수 있다.
이 경우에는 그 대리인은 대리권을 증명하는 서면을 창립총회에 제출해
야 한다(상법 제308조 제2항 및 제368조 제2항, 〈서식례 4-15〉 의결권의 대리행사
에 관한 위임장 참조).

③ 특별이해관계인의 의결권 행사 금지

창립총회의 결의에 관하여 특별한 이해관계가 있는 주식인수인은
의결권을 행사하지 못한다(상법 제308조 제2항 및 제368조 제3항).

(2) 창립총회에서의 결의방법

창립총회의 결의는 출석한 주식인수인의 의결권의 3분의 2 이상이
며 인수된 주식의 총수의 과반수에 해당하는 다수로 해야 한다(상법 제
309조).

회사가 종류주식을 발행한 경우에 창립총회에서 정관을 변경함으
로써 어느 종류주식의 주식인수인에게 손해를 미치게 될 때에는 창립총
회 결의 외에도 종류주식인수인총회의 결의절차도 거쳐야 한다. 이때 종
류주식인수인총회의 결의는 출석한 주식인수인의 의결권의 3분의 2 이
상의 수와 그 종류의 발행주식 총수의 3분의 1 이상의 수로 한다(상법 제
308조 제2항, 제435조 제1항 및 제2항).

(3) 창립총회 의사록 작성

모집설립의 경우 이사, 감사 등의 선임과 설립경과 등의 조사를 위
해 반드시 창립총회를 개최하여야 하는데(상법 제312조, 제313조 등), 창립

총회의 의사에는 의사록을 작성해야 한다. 창립총회의 의사록에는 의사의 경과요령과 그 결과를 기재하고 의장과 출석한 이사가 기명날인 또는 서명해야 한다(상법 제308조 제2항 및 제373조). 설립등기신청서에는 위 의사록을 공증인의 인증[26]을 받아 첨부해야 한다(공증인법 제66조의2 제1항 본문, 〈서식례 4-16〉 창립총회의사록 참조).[27]

〈서식례 4-16〉 창립총회 의사록

창립총회 의사록

아래와 같이 창립총회를 개최하였다.

일시: ○○년 ○○월 ○○일
장소: ○○시 ○○구 ○○동 123
주식의 총수: ○○만 주
주주의 총수: ○○명
출석한 주주의 총수: ○○명
출석한 주주의 주식수: ○○만 주
발기인 대표: ○○○

발기인 대표는 위와 같이 상법 제309조에 정한 정족수가 출석하였으므로 이 총회는 적법하게 성립되었음을 보고하고 의사를 진행하기 전에 임시의장을 선임할 것을 구하자 출석한 주주들은 전원일치로 발기인 대표 ○○○를 임시의장으로 선임하였다.

---

[26] • 창립총회 의사록은 공증인의 인증을 받아야 한다. 공증인은 창립총회의 결의절차와 내용이 진실에 부합하는가 여부를 확인한다(공증인법 제66조의2 제1항 및 제2항).
• 창립총회 의사록을 인증받기 위해서는 의사록 2통을 공증인에게 제출하며, 그 인증수수료는 30,000원이다(공증인법 제63조 제1항, 제66조의2 제4항 및 공증인 수수료 규칙 제21조 제2항).
• 창립총회 의사록은 회사설립 등기 시에 제출한다(상업등기법 제24조 제3항 및 상업등기규칙 제129조 제9호).

[27] 자본금 10억 원 미만의 소규모 주식회사를 발기설립하는 경우 그 설립등기를 할 때 첨부하는 의사록은 공증인의 인증을 받지 않아도 되는 것으로 되었으므로, 발기인회의사록이 이에 해당할 경우 공증인의 인증을 받을 필요가 없다(공증인법 제66조의2 제1항 단서).

이에 동인은 그 자리에서 취임을 승낙하고 의장석에 등단하여 개회를 선언하고 다음과 같은 의안의 심의를 구하였다.

제1호 의안: 창립사항 보고의 건

임시의장은 발기인을 대표하여 별지 창립사항보고서와 같이 창립총회까지의 경과를 상세하게 설명하고 보고하자 출석한 주주들은 전원일치로 이를 승인하였다.

제2호 의안: 정관 승인의 건

임시의장은 정관을 낭독하고 축조 설명을 가한 후 출석한 주주들에게 그 적합성과 채택여부를 물은즉 출석한 주주들은 전원일치로 이를 승인하였다.

제3호 의안: 이사 및 감사 및 선임의 건

임시의장이 이사 1인, 감사 1인을 선임하여 줄 것을 요청하자 출석한 주주들은 전원일치로 다음 사람들을 이사 및 감사로 선출하였다.

이사: ○ ○ ○

이사: ○ ○ ○

감사: ○ ○ ○

동인들은 그 자리에서 취임을 승낙하였다. 이어 출석한 주주들은 임시의장의 제의에 따라 전원일치로 이사 ○ ○ ○를 의장으로 선임하였으며, 이에 동인은 그 자리에서 취임을 승낙하고 의장석에서 회의를 계속 진행하였다.

제4호 의안: 상법 제298조에 정한 사항의 조사 보고의 건

의장은 모든 이사와 감사가 상법 제298조에 정한 사항을 조사하여 보고하여야 함을 설명한 후 발기인이었던 이사나 감사는 그러한 조사에 참가하지 못함을 밝히고 발기인이 아닌 이사 및 감사에게 상법 제313조에 정한 사항을 조사하여 보고하도록 요청하였다.

위와 같은 요청에 따라 감사 ○ ○ ○가 별지 조사보고서와 같이 보고하였다.

출석한 주주들은 그 조사보고서를 검토한 후 이를 전원일치로 승인하였다.

제5호 의안: 본점 설치장소의 결정의 건

의장은 본 회사의 본점을 다음 장소에 설치하려고 한다고 밝히고 그 장소가 적당한지의 여부를 물었다.

이에 출석한 주주들은 의장이 제안한 바와 같이 본점을 다음 장소에 설치할 것을 전원일치로 승인하였다.

본점 : ○○시 ○○구 ○○동 123

이상으로서 금일 총회의 의안 전부를 심의 종료하였으므로 의장은 폐회를 선언하다.
이를 증명하기 위하여 의사록을 작성하고 의장과 출석한 이사가 이에 기명날인하였다.

20○○년 ○○월 ○○일

○○○ 주식회사

의장 이사: ○○○

이사: ○○○

이사: ○○○

(이하 이사 전원이 기명날인 또는 서명)

6) 설립경과조사

창립총회에서 선임된 이사와 감사는 취임 후, 즉시 회사설립에 대한 모든 사항이 법령 또는 정관의 규정에 위반하지 않았는지 여부를 조사하여 창립총회에서 보고한다.

정관에 변태설립사항을 규정한 경우 법원에 의해 선임된 검사인이 정관에 규정된 변태설립사항을 조사한다.

(1) 설립경과의 조사 및 보고

① 이사 · 감사의 설립경과 조사 · 보고

이사와 감사는 취임 후 지체 없이 회사의 설립에 관한 모든 사항이 법령 또는 정관의 규정에 위반되지 않는지의 여부를 조사하여 창립총회에 보고해야 한다(상법 제313조 제1항).

②이사·감사가 조사·보고에 참여할 수 없는 경우

이사와 감사 중 발기인이었던 자·현물출자자 또는 회사성립 후 양수할 재산의 계약당사자인 자는 위의 조사·보고에 참가하지 못하며, 이사와 감사의 전원이 여기에 해당하는 때에는 이사는 공증인으로 하여금 위의 조사·보고를 하게 해야 한다(상법 제298조 제2항, 제3항 및 제313조 제2항).[28]

③부실한 조사·보고에 대한 제재

이사 또는 감사가 회사설립에 대한 사항을 조사·보고하면서 그 임무를 게을리하여 회사 또는 제3자에게 손해를 입힌 경우 그 손해를 배상할 책임이 있고, 발기인도 같은 책임을 질 때에는 그 이사, 감사와 발기인은 연대하여 손해를 배상할 책임이 있다(상법 제323조).

이사·감사 및 공증인이 조사한 사항을 창립총회에서 부실하게 보고하거나 사실을 은폐한 때에는 500만 원 이하의 과태료가 부과된다. 다만, 위반행위에 형을 받는 경우에는 과태료가 부과되지 않는다(상법 제635조 제1항 제5호).

(2) 변태설립사항에 대한 검사인의 조사·보고

① 검사인의 선임

정관으로 변태설립사항을 정한 때에는 발기인은 이에 관한 조사를

---

28 이사와 감사 또는 공증인의 조사보고에 관한 정보는 회사설립 등기 신청 시 제공해야 한다(「상업등기법」 제24조 제3항 및 「상업등기규칙」 제129조 제5호).

하게 하기 위해 검사인의 선임을 법원에 청구해야 한다(상법 제310조 제1항).

검사인의 신청은 서면으로 하며, 그 신청서에는 ① 신청의 사유, ② 검사의 목적, ③ 신청 연월일, ④ 법원의 표시를 기재하고, 이사가 기명날인하여 회사 본점소재지를 관할하는 지방법원 합의부에 제출한다(「비송사건절차법」 제72조 제1항 및 제73조).

② 검사인의 조사·보고

변태설립사항에 대해 조사한 검사인의 보고서는 이를 창립총회에 제출해야 한다(상법 제310조 제2항).

<서식례 4-17> 검사인 조사보고서

검사인 조사보고서

본인은 ○○지방법원 20○○파○○호 검사인선임신청사건에 있어서 ○○주식회사
의 검사인으로 선임되어 상법 제290조 소정사항을 조사하였으므로 다음과 같이 보고합
니다.

1. 조사방법과 그 경과

검사인은 이 사건 조사할 사항의 구체적 내용을 확인하기 위하여 우선 이 사건 검
사인 선임신청서와 그 부속서류의 내용을 검토한 후, 20○○년 ○월 ○○일 이 사건
회사의 설립사무소에 임하여 발기인 대표 ○○○로부터 회사설립의 경과를 청취하고
회사설립에 관계되는 각종 서류를 제출받아 이를 면밀히 검토한 다음, 회사설립과정
에서 이 사건 목적재산의 가액을 평가한 바 있는 감정평가사 ○○○의 감정평가의 경
위를 청취하였습니다.

2. 조사사항 및 조사결과

(1) 발기인이 받을 특별이익에 관한 사항

정관 제○조에 의하면 발기인이 받을 특별이익으로서 각 발기인은 그가 가지는 주
식 1주에 대하여 연 ○○만 원에 달할 때까지 다른 주식에 우선하여 배당받을 수 있다
는 취지의 규정이 있으나, 이는 발기인의 발기행위에 대한 특별공로를 이유로 한 것으
로서 동인 등이 공로 및 대외적 신용 등을 고려한다면 당해 정관의 규정은 정당하다고
사료됩니다.

(2) 현물출자에 관한 사항

현물출자를 한 자는 발기인 ○○○이고 그 출자재산은 어떠한 재산으로서 감정평
가사 ○○○가 평가한 그 가격은 정관에 기재된 평가액보다 훨씬 높은 시가 금 ○○
○원 이상이므로 정관에 기재된 그 평가액 및 그에 부여하는 주식수는 정당한 것으로
사료되며, 현물출자재산은 이미 회사에 확실히 인도되었음이 출자자 작성의 재산인
도증에 의해 명확히 인정됩니다.

(3) 회사성립 후 양수재산에 관한 사항

회사성립 후 양수키로 약정한 재산은 발기인 ○○○ 소유의 어떠한 재산으로서 이
는 회사의 영업상 필요할 뿐만 아니라 그 가격도 적정하여 그에 관한 정관의 규정은
타당하다고 인정됩니다.

(4) 회사가 부담할 설립비용 및 발기인의 보수에 관한 사항

회사가 부담할 설립비용과 발기인의 보수내역은 별첨계산서와 같은바, 그 부담 및 지출은 필요 적정하다고 사료됩니다.

3. 첨부서류

(1) 정관사본   1통

(2) 현물출자재산인도증사본   1통

(3) 재산인수계약서   1통

(4) 감정사의 재산평가서   ○통

(5) 설립비용 등 계산서사본   1통

(6) 현물출자재산평가서사본   1통

위와 같이 보고함.

20○○년 ○월 ○일

○○ 주식회사

검사인 ○○○ (인)

③ 부당한 변태설립사항에 대한 창립총회의 변경

창립총회에서는 변태설립사항이 부당하다고 인정한 때에는 이를 변경할 수 있으며, 발기인에 대하여 손해배상을 청구할 수 있다(상법 제314조 제1항, 제315조). 이때의 변경이란 예컨대, 현물출자의 목적물이 과대평가되어 있으면 출자자에게 부여할 주식수를 정당한 평가액에 맞도록 감소하든지, 회사가 부담할 설립비용이나 발기인의 보수가 부당하게 높은 경우에 감액하는 것 등을 말한다.

이러한 변경에 불복하는 발기인은 그 주식의 인수를 취소할 수 있다. 이 경우에는 정관을 변경하여 설립에 관한 절차를 속행할 수 있다(상법 제314조 제2항 → 제300조 제2항).

창립총회의 변경이 있은 후 2주 내에 주식의 인수를 취소한 발기인

이 없는 때에는 정관은 변경된 것으로 본다(상법 제314조 제2항 → 제300조 제3항). 이 경우의 정관변경은 의사록에 명확히 기재하면 되고 원시정관의 변경의 경우와는 달리 공증인의 인증을 필요로 하지 않는다.[29]

④ 부실 조사·보고 등에 대한 처벌

• 부실한 보고를 하거나 사실을 은폐한 경우

이사, 감사, 검사인 또는 공증인이 주식 또는 출자의 인수나 납입, 현물출자의 이행, 변태설립사항에 대해 창립총회에 부실한 보고를 하거나 사실을 은폐한 때에는 5년 이하의 징역 또는 1,500만 원 이하의 벌금에 처해진다(상법 제625조 제1호).

• 조사·보고 직무에 대해 부정한 청탁을 받은 경우

이사, 감사, 검사인 또는 공증인이 회사설립 사항에 대한 조사·보고에 대한 직무에 대해 부정한 청탁을 받고 재산상의 이익을 수수(收受), 요구 또는 약속한 때에는 5년 이하의 징역 또는 1,500만 원 이하의 벌금에 처해진다(상법 제630조 제1항).

이 경우 이사, 감사, 검사인 또는 공증인이 수수한 이익은 몰수되며, 그 이익 전부 또는 일부를 몰수할 수 없는 때에는 그 가액을 추징한다(상법 제633조).

위의 이익을 약속, 공여(供與) 또는 공여의 의사를 표시한 사람도 5년 이하의 징역 또는 1,500만 원 이하의 벌금에 처해진다(상법 제630조 제2항).

---

29 이형규, 전게서, 152면.

• 징역과 벌금의 병과

이사, 감사, 검사인 또는 공증인이 받을 징역과 벌금은 병과(竝科)될 수 있다(상법 제632조).

• 법인에 대한 벌칙 적용

이사, 감사 또는 공증인이 법인인 때에는 그 행위를 한 법인의 이사, 감사 그 밖의 업무를 집행한 사원 또는 지배인이 벌칙을 부담한다(상법 제637조).

주식회사 창업

제5장
설립등기

발기설립이나 모집설립에 있어서 앞에서 설명한 모든 절차를 완료하면 회사의 실체가 완성된다. 그러나 이것이 회사로서 성립하고 법인격을 취득하기 위하여는 설립등기를 하여야 한다. 상법이 설립등기를 회사성립의 요건으로 규정한 것은 국가로 하여금 회사설립의 법정요건이 적법하게 갖추어졌는가에 관한 조사를 할 기회를 갖게 하고, 동시에 회사의 성립 사실과 그 조직의 기본적인 내용을 공시함으로써 이해관계인의 거래안전을 도모하기 위한 것이다.

주식회사의 설립등기는 대표자(대표이사)가 신청하며(상업등기법 제23조 제1항), 회사는 본점소재지에서 설립등기를 함으로써 성립한다(상법 제172조). 등기신청인이 회사설립 등기를 등기기간 내에 하지 않은 때에는 500만 원 이하의 과태료가 부과된다(상법 제635조 제1항 제1호).

제1절 등기신청기간

　　발기설립의 경우에 설립등기는 검사인에 의한 설립경과의 조사 또는 법원의 변경처분에 따른 변경절차가 종료된 날로부터 2주간 이내에, 모집설립의 경우에 설립등기는 창립총회가 종결한 날 또는 변태설립에 관한 사항의 변경절차가 종료된 날로부터 2주간 이내에 대표이사의 신청으로 본점소재지에서 하여야 한다(상법 제317조 제1항). 등기신청의무자인 대표이사가 이 기간 내에 등기신청을 하지 않은 때에는 200만 원 이하의 과태료에 의한 제재를 받게 된다(상법 제635조 제1항 제1호).

　　설립의 방법과 변태설립사항의 유무 및 그 변경처분의 유무에 따라서 설립등기의 신청기간을 구체적으로 살펴보면 다음과 같다.

1. 발기설립의 경우

① 변태설립사항이 없는 경우에는 이사·감사의 조사·보고가 종료한 날부터 2주 이내에 등기신청을 하여야 한다(상법 제317조 제1항, 제299조 제1항, 제3항).

② 변태설립사항이 있는 경우에도 그 사항에 관한 법원의 변경처분이 없는 때에는 법원이 검사인의 조사보고서를 수리한 날로부터 2주간 이내에 등기신청을 하여야 한다(상법 제317조 제1항, 제299조 제1항).

③ 변태설립사항이 있는 경우에 법원이 선임한 검사인의 조사보고를 실시하여 변태설립사항에 관한 변경처분을 하였으나, 이에 불복하여 주식인수를 취소한 발기인이 있는 때에는 인수가 취소된 주식인수를 감소하여 정

관변경절차를 종료한 날로부터 2주간 이내에 등기신청을 하여야 한다(상법 제314조 제2항, 제300조 제2항).

④ 변태설립사항이 있는 경우에 법원이 검사인의 조사보고를 심사하여 변태설립사항에 관한 변경처분을 하였으나, 그 통고를 받은 날로부터 2주간 이내에 주식인수를 취소한 발기인이 없는 때에는 그 기간(2주간)이 경과한 날로부터 다시 2주간 이내에 등기신청을 하여야 한다(상법 제314조 제2항, 제300조 제3항).

2. 모집설립의 경우

① 변태설립사항이 없는 경우에는 창립총회가 종결한 날로부터 2주간 이내에 등기신청을 하여야 한다(상법 제317조 제1항).

② 변태설립사항이 있더라도 창립총회에서 검사인의 조사보고서를 심사하여 부당하다고 인정되는 점이 없는 때에는 창립총회가 종결한 날로부터 2주간 이내에 등기신청을 하여야 한다(상법 제317조 제1항).

③ 변태설립사항이 있는 경우에 창립총회에서 검사인의 조사보고서를 심사한 결과 부당하다고 인정하여 이를 변경하였으나, 이 경우에 주식인수를 취소한 발기인이 있는 때에는 이에 관한 정관규정의 변경과 설립절차의 속행을 위하여 다시 소집된 창립총회가 종결한 날로부터 2주간 이내에 등기신청을 하여야 한다(상법 제314조 제1항, 제2항, 제300조 제2항, 제317조 제1항).

④ 변태설립사항이 있는 경우에 창립총회에서 검사인의 조사보고서를 심사한 결과 부당하다고 인정하여 이를 변경하였으나, 그 변경결의를 한 날로부터 2주간 이내에 주식인수를 취소한 발기인이 없는 때에는 그 기간(2주간)이 경과한 날로부터 다시 2주간 이내에 등기신청을 하여야 한다(상법 제314조 제1항, 제2항, 제300조 제3항, 제317조 제1항).

3. 지점설치의 등기신청기간

주식회사의 설립과 동시에 지점을 설치하는 경우에는 본점소재지에서 설립등기를 한 후 2주간 내에 지점의 소재지에서 그 등기사항을 등기하여야 한다(상법 제317조 제3항, 제181조 제1항).

지점에서는 본점의 등기사항 가운데 다음 사항만을 등기하면 된다(법인의 등기사항에 관한 특례법 제3조).

① 목적

② 상호

③ 본점소재지

④ 회사가 공고하는 방법

⑤ 회사의 존립기간 또는 해산사유를 정한 때는 그 기간 또는 사유

⑥ 대표이사의 성명·주소와 주민등록번호

⑦ 공동대표이사를 정한 경우에는 그 규정

⑧ 이사의 대표권을 제한한 때에는 그 제한

⑨ 그 밖에 대법원규칙으로 정하는 사항

제2절 등기신청 방법 및 절차

주식회사의 설립등기는 법률에 다른 규정이 없는 경우에는 대표이사가 신청한다(상업등기법 제23조). 주식회사의 설립등기는 회사의 성립요건으로서 창설적 효력이 있다.

1. 설립등기 신청방법

주식회사의 설립등기는 크게 나누어 두 가지 방법에 의한 신청이 가능하다(상업등기법 제24조 제1항 및 상업등기규칙 제64조 제1항 본문).

1) 방문신청

방문신청이란 신청인 또는 그 대리인이 등기소에 출석하여 신청정보 및 첨부정보를 적은 서면을 제출하는 방법으로 등기신청하는 것이다. 다만, 대리인이 변호사[1]나 법무사[2]인 경우에는 자격자 대리인의 사무소 소재지를 관할하는 지방법원장이 허가하는 1명을 등기소에 출석하게 하여 그 서면을 제출할 수 있다.[3] 방문신청을 하는 경우에는 등기신청서에 법

---

1 법무법인, 법무법인(유한) 및 법무조합을 포함한다.
2 법무사법인 및 법무사법인(유한)을 포함한다.
3 전국 시·도별 등기소 위치 및 정보에 대한 자세한 내용은 〈대법원 인터넷등기소 → 서비스 소개 → 등기소찾기〉에서 확인할 수 있다.

령에 따라 신청정보의 내용으로 등기소에 제공하여야 하는 정보를 적고 신청인 또는 그 대리인이 기명날인하여야 한다(상업등기규칙 제60조 제1항).

또한 방문신청을 하려는 신청인은 신청서를 등기소에 제출하기 전에 전산정보처리조직에 신청정보를 입력하고, 그 입력한 신청정보를 서면으로 출력하여 등기소에 제출하는 방법으로 할 수 있다(전자표준양식에 의한 등기신청, 상업등기규칙 제63조).

2) 전자신청

전자신청 즉, 인터넷신청은 「상업등기규칙」으로 정하는 바에 따라 전산정보처리조직을 이용하여 신청정보 및 첨부정보를 등기소에 보내는 방법[4]이다. 전자신청은 신청인이 직접 하거나 자격자 대리인이 그 신청인을 대리하여 할 수 있다(상업등기규칙 제67조 제1항).

대법원 인터넷등기소 사이트(www.iros.go.kr)에 접속하시면 등기신청서 및 첨부서류 양식 그리고 작성방식에 관해 설명되어 있다. 법인설립등기의 경우 다음과 같이 전자신청할 수 있다.

2. 설립등기 신청절차

이하에서는 전자신청을 중심으로 설립등기 신청절차에 대하여 살펴본다.

---

4   법원행정처장이 지정하는 등기유형으로 한정한다.

1) 전자신청

전자신청의 경우 다음과 같은 절차에 따라 등기를 신청할 수 있다.[5]

(1) 인증서 발급

전자신청을 원하는 당사자 또는 자격자 대리인(변호사 또는 법무사)은 원칙적으로 실지명의 확인 가능한 전자서명 인증서(이하 '인증서'라 함)를 발급받아야 한다. 전자신청서 제출 전 인증서 만기여부를 반드시 확인하고, 만기가 임박한 경우 갱신 후 제출할 필요가 있다.

(2) 등록면허세 납부

서울지역은 E-Tax시스템, 지방지역은 WeTax시스템을 이용하여 신고 및 납부한다. 등록면허세 인터넷 납부 미시행 지역의 경우에는 자격자에 한하여 금융기관에 납부한 납세확인서 스캔제출을 허용하고 있다.

지역과 관계 없이 자격자 대리인의 경우 금융기관에 직접 납부하고 납세확인서를 스캔하여 첨부할 수 있다. 단, 납세번호는 반드시 기재해야 한다.

(3) 전자증명서 발급

전자증명서는 법인이 전자신청을 하기 위해서 반드시 필요한 등기신청 전용 법인인증서이며, 대표이사 외에 지배인도 발급신청할 수 있다. 다만, 지배인의 경우 대표이사의 전자증명서가 선행 발급되어야 한다.

대표이사(또는 지배인)나 자격자가 아래의 서면을 함께 제출하여 신

---

5 이하 대한민국 법원 인터넷등기소, "전자신청 절차" 참조. 〈http://www.iros.go.kr/pos1/jsp/help2/jsp/002002001002.jsp〉.

청하고, 전자증명서가 저장된 HSM USB를 발급받는다(발급 수수료 매체
당 15,000원).

신청자	구비서류 등
대표이사	신청서(법인인감날인), 신분증
자격자 대리인[6]	신청서 및 신청서의 위임란에 법인 또는 지배인 인감 날인, 신분증, 자격등록증 사본
지배인	신청서(지배인인감날인), 신분증

(4) 사용자등록/전자증명서 이용등록

사용자등록을 위해 개인이나 자격자는 직접(대리 불가) 등기소를 방
문하여 접근번호를 교부받고 10일 이내에 대법원 인터넷등기소(http://
www.iros.go.kr)[7]에 접속하여 접근번호 16자리와 자신의 인증서를 이용하
여 사용자등록번호를 생성한다.

전자증명서 이용등록을 위해 대표이사(또는 지배인[8])는 발급받은 전
자증명서를 10일 이내에 인터넷등기소에 접속하여 전자증명서의 비밀
번호를 변경하고 전자증명서의 유효성을 확인한다.

---

6   자격자가 대리 발급 시 주의사항으로서는 ① 사용자등록을 완료한 자격자(사무원 포함)만
    대리 발급이 가능하고, ② 자격자(법무사, 변호사)의 자격자등록번호를 반드시 확인한 후
    발급하여야 한다.

7   인터넷등기소 '회사설립등기신청' 메뉴 또는 중소벤처기업부 온라인법인설립시스템을 통
    해 법인설립등기신청을 진행하는 경우에는 등기소 방문 없이 인터넷등기소 '법인등기온라
    인사용자등록' 메뉴를 이용하여 사용자등록을 할 수 있다.

8   지배인의 전자증명서 이용등록 시 다음과 같은 것을 주의하여야 한다.
    ① 지배인 본인이 전자증명서 이용등록 후 대표자에게 인증을 요청해야 한다.
    ② 대표자는 지배인 인증메뉴로 들어가 인증이 필요한 지배인을 선택한 후 본인의 전자증
      명서를 이용하여 인증한다.
    ③ 인증이 완료되면 지배인은 본인 전자증명서로 인터넷등기소 로그인이 가능하다.

(5) 로그인(사용자 인증)

인증서와 사용자등록번호를 이용하여 전자신청하기 메뉴에서 사용자 인증을 한다.

대표이사(또는 지배인)는 전자증명서를 이용하여 사용자 인증을 한다.

(6) 신청서 작성

신청서 작성은 1, 2, 3단계로 나누어져 있으며 신청법인, 등기할 사항, 신청인정보 등을 입력한다.

신청서 작성 시 첨부문서를 작성한 후 전자문서 제출을 한다. 기본적인 첨부서면(주민등록정보, 등록면허세 영수필확인서)은 행정정보공동이용망을 통하여 전자적 연계 방식으로 첨부하므로 별도로 제출할 필요는 없다.[9]

또한 변호사 등의 자격자에 한하여 일부 문서에 대한 스캔제출을 허용하고 있다.

(7) 위임장 작성 및 승인

변호사 등 자격자가 위임장을 작성한 후 위임인에게 위임장의 승인을 요청하고, 위임인은 전자증명서를 이용하여 본인확인 및 위임장내용에 대한 전자서명을 부여한다.

---

[9] 행정정보공동연계에 실패한 경우, 신청서가 전송된 때로부터 보정절차가 진행되므로 전송 후, 연계되지 않은 서면을 별도로 발급받아 해당 등기소를 방문하여 제출하여야 하며 자격자의 경우는 스캔으로도 보정이 가능하다.

(8) 신청수수료 전자결제

위임인이 전자서명을 완료한 후 신청수수료 결제대기 목록에서 대상 신청서를 선택하고 전자결제를 한다.

신용카드 결제 시 30만 원 미만의 경우 안심클릭 또는 안전결제를 이용하고, 30만 원 이상인 경우 인증서를 이용하여야 한다.

중소벤처기업부 온라인법인설립시스템에서 작성한 법인설립등기 신청서의 수수료 결제는 인터넷등기소에서 가능하다.

(9) 신청서 전자적 제출

신청서 제출대기 목록에서 제출대상 신청서를 선택하고 신청서 제출 버튼을 클릭하여 최종 신청내용을 확인한 다음 다시 한번 인증서(대표자는 본인 전자증명서)를 이용하여 전자서명을 한다.

〈법인설립등기 전자신청절차〉[10]

제3절 설립등기사항

1. 설립등기신청서 기재사항

설립등기 신청인은 설립등기신청서에 다음의 사항을 기재하여 등기해야 한다(상법 제317조 제2항).

① 목적, 상호, 회사가 발행할 주식의 총수, 액면주식을 발행하는 경우 1주의 금액, 본점소재지(지점을 둔 경우에는 그 지점소재지도 기재), 회사가 공고를 하는 방법

② 자본금의 액

③ 발행주식의 총수, 그 종류와 각종 주식의 내용과 수

④ 주식의 양도에 대해 이사회의 승인을 받도록 정한 때에는 그 규정

⑤ 주식매수선택권을 부여하도록 정한 때에는 그 규정

⑥ 지점의 소재지

⑦ 회사의 존립기간 또는 해산사유를 정한 때에는 그 기간 또는 사유

⑧ 주주에게 배당할 이익으로 주식을 소각할 것을 정한 때에는 그 규정

⑨ 전환주식을 발행하는 경우에는 ⓐ 주식을 다른 종류의 주식으로 전환할 수 있다는 뜻, ⓑ 전환의 조건, ⓒ 전환으로 인하여 발행할 주식의 내용, ⓓ 전환청구기간 또는 전환의 기간

⑩ 사내이사, 사외이사 그 밖에 상무에 종사하지 않는 이사, 감사 및 집행임

---

10 법제처, "주식회사설립등기", 「찾기쉬운 생활법률정보」. 〈https://easylaw.go.kr/CSP/CnpClsMain.laf?popMenu=ov&csmSeq=736&ccfNo=5&cciNo=2&cnpClsNo=1〉.

원의 성명과 주민등록번호

⑪ 회사를 대표할 이사 또는 집행임원의 성명·주민등록번호 및 주소

⑫ 둘 이상의 대표이사 또는 대표집행임원이 공동으로 회사를 대표할 것을
정한 경우에는 그 규정

⑬ 명의개서(名義改書)대리인을 둔 때에는 그 상호 및 본점소재지

⑭ 감사위원회를 설치한 때에는 감사위원회 위원의 성명 및 주민등록번호

2. 설립등기 신청 시 제공해야 하는 정보

설립등기를 신청하는 경우에는 다음의 정보를 제공해야 한다(상업
등기법 제24조 제3항 및 상업등기규칙 제129조).

① 정관

② 주식의 인수를 증명하는 정보

③ 주식의 청약을 증명하는 정보

④ 발기인이 주식발행사항(주식의 종류와 수, 액면 이상의 주식을 발행하는 때에는
그 수와 금액)을 정한 때에는 이를 증명하는 정보

⑤ 상법 제298조 및 제313조에 따른 이사와 감사 또는 감사위원회 및 공증
인의 조사보고에 관한 정보

⑥ 상법 제299조, 제299조의2 및 제310조에 따른 검사인이나 공증인의 조
사보고 또는 감정인의 감정에 관한 정보

⑦ 위의 검사인이나 공증인의 조사보고 또는 감정인의 감정결과에 관한 재
판이 있은 때에는 그 재판이 있음을 증명하는 정보

⑧ 발기인이 이사와 감사 또는 감사위원회 위원의 선임을 증명하는 정보

⑨ 창립총회의사록

⑩ 이사, 대표이사, 집행임원, 대표집행임원, 감사 또는 감사위원회 위원의 취임승낙을 증명하는 정보

⑪ 명의개서대리인을 둔 때에는 명의개서대리인과의 계약을 증명하는 정보

⑫ 주금의 납입을 맡은 은행, 그 밖의 금융기관의 납입금보관에 관한 증명서. 다만, 자본금 총액이 10억 원 미만인 회사를 발기설립(發起設立)하는 경우에는 은행이나 그 밖의 금융기관의 잔고를 증명하는 정보로 대체할 수 있음

〈서식례 5-1〉 주식회사 설립등기신청서(발기설립의 경우)

주식회사 설립등기신청서

1. 상호	○○주식회사	
1. 본점	○○시 ○○구 ○○동 ○○번지	
1. 등기목적	주식회사 설립등기	
1. 등기사유	정관을 작성하고 공증인의 인증을 받아 발기인이 회사설립시에 발행하는 주식총수의 인수와 납입을 하고 20○○년 ○월 ○일 상법 제299조의 절차가 종료하였으므로 다음 사항의 등기를 구합니다.	
상호	○○주식회사	
본점	○○시 ○○구 ○○동 ○○번지	
목적	〈생략〉	
회사가 발행할 주식의 총수		○○만 주
1주 금액		금 ○○원
회사설립 시에 발행하는 주식의 총수		○만 주

발행주식의 총수 그 종류와 각종주식의 내용과 수 보통주식	○만 주

자본의 총액	금 ○○만 원정

공고방법	서울특별시 내에서 발행하는 일간 ○○신문에 게재한다.

이사의 성명과 주소   이사 ○○○
(이하 이사 전원의 성명과 주소)   ○○시 ○○구 ○○동 ○○번지

이사 ○○○
○○시 ○○구 ○○동 ○○번지

대표이사의 성명과 공동대표에 관한 규정   대표이사 ○○○

감사의 성명과 주소   감사 ○○○
(이하 감사 전원의 성명과 주소)   ○○시 ○○구 ○○동 ○○번지

1. 과세표준액   금 ○○원

1. 등록세   금 ○○원

1. 교육세   금 ○○원

1. 첨부서류	정관	1통
	주식인수증	○통
	주금납입금보관증명서	1통
	발기인의 주식발행사항 동의서	1통
	발기인총회의사록	1통
	검사인의 조사보고서	1통
	취임승낙서	○통
	임원의 주민등록번호를 증명하는 서면	○통
	대표이사선임에 관한 이사회의사록	1통
	등록세 영수증	1통
	교육세 영수증	1통
	위임장	1통

위와 같이 등기를 신청합니다.

20○○년 ○월 ○일

신청인 ○○주식회사

○○시 ○○구 ○○동 ○○번지

대표이사 ○○○ (인)

○○시 ○○구 ○○동 ○○번지

이사 ○○○ (인)

○○시 ○○구 ○○동 ○○번지

이사 ○○○ (인)

○○시 ○○구 ○○동 ○○번지

(이하 이사 전원의 기명날인 또는 서명)

○○지방법원 귀중

〈서식례 5-2〉 주식회사 설립등기신청서(모집설립의 경우)

주식회사 설립등기신청서

1. 상호	○○주식회사
1. 본점	○○시 ○○구 ○○동 ○○번지
1. 등기목적	주식회사설립등기
1. 등기사유	정관을 작성하고 공증인의 인증을 받아 발기인이 회사설립시에 발행하는 주식총수 중 일부를 인수하고 주주를 모집하여 주금납입을 완료하고 20○○년 ○월 ○일 창립총회를 종결하였으므로 다음 사항의 등기를 구합니다.
상호	○○주식회사
본점	○○시 ○○구 ○○동 ○○번지
목적	〈생략〉

회사가 발행할 주식의 총수	○○만 주
1주 금액	금 ○○원
회사설립 시에 발행하는 주식의 총수	○만 주
발행주식의 총수 그 종류와 각종 주식의 내용과 수 보통주식	○만 주

자본의 총액	금 ○○만 원 정

공고방법　　　　　　서울특별시 내에서 발행하는 일간 ○○신문에 게재한다.

이사의 성명과 주소	이사 ○○○
(이하 이사 전원의 성명과 주소	○○시 ○○구 ○○동 ○○번지
	이사 ○○○
	○○시 ○○구 ○○동 ○○번지

대표이사의 성명과 공동대표에 관한 규정　　대표이사 ○○○

감사의 성명과 주소	감사 ○○○
(이하 감사 전원의 성명과 주소)	○○시 ○○구 ○○동 ○○번지

1. 과세표준액　　　금 ○○ 원

1. 등록세　　　　　금 ○○ 원

1. 교육세　　　　　금 ○○ 원

1. 첨부서류	정관	1통
	주식인수증	○통
	주식청약서	○통
	주금납입금보관증명서	1통
	발기인의 주식발행사항 동의서	1통
	창립총회의사록	1통
	검사인의 조사보고서	1통
	취임승낙서	○통
	임원의 주민등록번호를 증명하는 서면	○통
	대표이사선임에 관한 이사회의사록	1통
	이사·감사의 조사보고서	1통
	등록세 영수증	1통
	교육세 영수증	1통
	위임장	1통

위와 같이 등기를 신청합니다.

20○○년 ○월 ○일

신청인 ○○주식회사

○○시 ○○구 ○○동 ○○번지

대표이사 ○ ○ ○ (인)
○ ○ 시 ○ ○ 구 ○ ○ 동 ○ ○ 번지

이사 ○ ○ ○ (인)
○ ○ 시 ○ ○ 구 ○ ○ 동 ○ ○ 번지

이사 ○ ○ ○ (인)
○ ○ 시 ○ ○ 구 ○ ○ 동 ○ ○ 번지
(이하 이사 전원의 기명날인 또는 서명)

○ ○ 지방법원 귀중

제4절 등기사항

등기사항은 정관 소정의 사항인가에 관계 없이 주주와 회사채권자를 보호하기 위하여 필요한 사항을 공시하도록 한 것이다. 다만, 정관에 기재된 사항을 등기하는 경우에는 정관의 기재와 일치하여야 한다.

등기를 하거나 신청서, 그 밖의 등기에 관한 서면(「전자서명법」 제2조의 전자문서를 포함한다)을 작성할 때에는 한글과 아라비아숫자를 사용하여야 한다(상업등기규칙 제2조 본문). 다만, 대법원예규로 정하는 바에 따라 한글 또는 한글과 아라비아숫자로 기록한 다음 괄호 안에 로마자, 한자, 아라비아숫자 그리고 부호를 병기할 수 있다(상업등기규칙 제2조 단서).

설립등기 신청인은 설립등기신청서에 다음의 사항을 기재하여 등기해야 한다(상법 제317조 제2항).

① 회사의 목적(상법 제317조 제2항 제1호 → 제289조 제1항 제1호)

② 상호(상법 제317조 제2항 제1호 → 제289조 제1항 제2호)

③ 회사가 발행할 주식의 총수(상법 제317조 제2항 제1호 → 상법 제289조 제1항 제3호)

④ 액면주식을 발행하는 경우 1주의 금액(상법 제317조 제2항 제1호 → 상법 제289조 제1항 제4호)

⑤ 본점의 소재지(상법 제317조 제2항 제1호 → 상법 제289조 제1항 제6호)

⑥ 회사가 공고를 하는 방법(상법 제317조 제2항 제1호 → 제289조 제1항 제7호)

⑦ 자본금의 액(상법 제317조 제2항 제2호)

⑧ 발행주식의 총수, 그 종류와 각종 주식의 내용과 수(상법 제317조 제2항 제3호)

⑨ 주식의 양도에 대해 이사회의 승인을 받도록 정한 때에는 그 규정(상법 제317조 제2항 제3의2호)

⑩ 주식매수선택권을 부여하도록 정한 때에는 그 규정(상법 제317조 제2항 제3의3호)

⑪ 지점의 소재지(상법 제317조 제2항 제3의4호)

⑫ 회사의 존립기간 또는 해산사유를 정한 때에는 그 기간 또는 사유(상법 제317조 제2항 제4호)

⑬ 주주에게 배당할 이익으로 주식을 소각할 것을 정한 때에는 그 규정(상법 제317조 제2항 제6호)

⑭ 전환주식을 발행하는 경우에는 1) 주식을 다른 종류의 주식으로 전환할 수 있다는 뜻, 2) 전환의 조건, 3) 전환으로 인하여 발행할 주식의 내용, 4) 전환청구기간 또는 전환의 기간(상법 제317조 제2항 제7호 → 제347조)

⑮ 사내이사, 사외이사 그 밖에 상무에 종사하지 않는 이사, 감사 및 집행임

원의 성명과 주민등록번호(상법 제317조 제2항 제8호)

⑯ 회사를 대표할 이사 또는 집행임원의 성명·주민등록번호 및 주소(상법 제317조 제2항 제9호)

⑰ 둘 이상의 대표이사 또는 대표집행임원이 공동으로 회사를 대표할 것을 정한 경우에는 그 규정(상법 제317조 제2항 제10호)

⑱ 명의개서(名義改書)대리인을 둔 때에는 그 상호 및 본점소재지(상법 제317조 제2항 제11호)

⑲ 감사위원회를 설치한 때에는 감사위원회 위원의 성명 및 주민등록번호 (상법 제317조 제2항 제12호)

제5절 설립등기신청서의 첨부서류

등기신청서에는 회사설립에 관한 법정의 요건을 준수하였음을 증명하고 등기공무원에게 심사자료를 제공하도록 하기 위하여 다음의 정보를 제공하여야 한다(상업등기규칙 제129조).

① 정관
② 주식의 인수를 증명하는 정보
③ 주식의 청약을 증명하는 정보
④ 발기인의 설립 당시의 주식발행사항의 결정에 관하여 증명하는 정보
⑤ 이사와 감사 또는 감사위원회 및 공증인의 조사보고에 관한 정보

⑥ 검사인이나 공증인의 조사보고 또는 감정인의 감정에 관한 정보

⑦ 검사인이나 공증인의 조사보고 또는 감정인의 감정결과에 관한 재판이
있은 때에는 그 재판이 있음을 증명하는 정보

⑧ 발기인이 이사와 감사 또는 감사위원회 위원의 선임을 증명하는 정보

⑨ 창립총회의 의사록

⑩ 이사, 대표이사, 집행임원, 대표집행임원, 감사 또는 감사위원회 위원의
취임승낙을 증명하는 정보

⑪ 명의개서대리인을 둔 때에는 명의개서대리인과의 계약을 증명하는 정보

⑫ 주금의 납입을 맡은 은행, 그 밖의 금융기관의 납입금 보관을 증명하는
정보

다만, 자본금 총액이 10억 원 미만인 회사를 상법 제295조 제1항에 따라
발기설립(發起設立)하는 경우에는 ⑫ 은행, 그 밖의 금융기관의 납입금 보
관증명서를 은행이나 그 밖의 금융기관의 잔고를 증명하는 정보로 대체
할 수 있다(상업등기규칙 제129조 제12호 단서).

⑬ 기타

대리인에 의하여 등기를 신청할 때에는 신청서에 그 권한을 증명하
는 서면을 첨부하여야 하고(상업등기규칙 제52조 제1호), 위임장에는 그 권
한의 범위를 명확히 기재할 필요가 있다.

제6절 설립등기의 효과

1. 본래적 효력

주식회사는 본점소재지에서 설립등기를 함으로써 회사가 성립하며 (상법 제172조) 법인격을 취득한다. 이를 설립등기의 창설적 효력이라고 한다. 설립등기와 함께 회사가 성립하고 동시에 회사의 구성원인 주식인수인은 주주로 되며, 선임된 이사와 감사는 성립 후 회사의 최초의 이사와 감사가 된다. 그리고 설립 중의 회사의 집행기관인 발기인이 회사설립을 위하여 취득하거나 부담한 권리 · 의무는 이때부터 성립된 회사에 귀속된다.

2. 부수적 효력

1) 주식인수인의 무효·취소의 제한

주식인수인은 회사의 성립 후에는 주식청약서의 요건의 흠결을 이유로 인수의 무효를 주장하거나, 사기 · 강박 · 착오를 이유로 그 인수의 취소를 주장하지 못한다(상법 제320조 제1항).

2) 권리주 양도의 제한의 해제

권리주, 즉, 회사성립 전의 주식인수인의 지위의 양도는 당사자 사이에서는 유효하지만 회사에 대하여서는 효력이 없다(상법 제319조). 그러나 회사가 성립하면 주식인수인의 지위(권리주)는 주주로 되므로, 권리주 양도제한은 소멸된다. 다만, 주권발행 사무의 편의를 위하여 회사가 성립된 후에도 주권이 발행되기까지는 회사에 대한 관계에서 주식양도의 효력을 원칙적으로 제한하고 있다. 즉, 주권발행 전에 한 주식의 양도는 회사에 대하여 효력이 없다. 그러나 회사성립 후 또는 신주의 납입기일 후 6월이 경과한 때에는 그러하지 아니하다(상법 제335조 제3항).

3) 주권발행의 허용 및 강제

설립등기 전에 회사는 주권을 발행할 수 없으며, 이를 위반하여 회사가 발행한 주권은 무효이다(상법 제355조 제3항). 따라서 회사는 성립 후에야 주권을 발행할 수 있고, 성립 후 또는 신주의 납입기일 후 지체 없이 주권을 발행하여야 한다(동조 제1항).

4) 설립무효의 주장 제한

설립등기에 의하여 회사가 설립된 후에는 그 설립절차에 하자가 있어도 설립무효의 소에 의하지 아니하고는 그 무효를 주장할 수 없다(상법 제328조 제1항).[11] 이는 다수의 이해관계자가 관련된 주식회사의 법률관계의 안정을 위해서이다.

5) 발기인의 자본충실책임

설립등기 후 즉, 회사의 성립 후에는 발기인이 자본충실의 책임을 부담한다. 회사설립 시에 발행한 주식으로서 회사성립 후에 아직 인수되지 않은 주식이 있거나 주식인수의 청약이 취소된 때에는 발기인이 이를 공동으로 인수한 것으로 본다(인수담보책임, 상법 제321조 제1항).

회사성립 후 주식인수가액의 납입을 완료하지 않은 주식이 있는 때에는 발기인은 연대하여 그 납입을 하여야 한다(납입담보책임, 상법 제321조 제2항).

제7절 법인설립신고 및 사업자등록

법인설립신고 및 사업자등록이란 납세의무를 지는 사업자에 관한 정보를 세무서의 대장에 수록하는 것을 말한다. 이는 단순히 사업사실을 과세관청에 알리는 행위이므로 세무서장에게 법인설립신고 및 사업자등록신청서를 제출하는 것으로 법인설립신고 및 사업자등록이 성립한

---

11   회사설립의 무효는 주주 · 이사 또는 감사에 한하여 회사성립의 날로부터 2년 내에 소만으로 이를 주장할 수 있다(상법 제328조 제1항).

다. 주식회사는 그 설립등기를 한 날(설립등기일)[12]부터 2개월 이내에 법인 설립신고서에 대통령령으로 정하는 주주 등의 명세서와 사업자등록 서류 등을 첨부하여 납세지 관할 세무서장에게 신고하여야 한다(법인세법 제109조 제1항 제1문).[13] 이 경우 법인설립 전에 이미 법인세법 제111조에 따른 사업자등록을 한 때에는 법인 설립신고를 한 것으로 본다(동조 제2문). 즉, 사업장마다 그 사업의 개시일부터 20일 이내에 법인설립신고서에 소정의 서류를 첨부하여 납세지 관할세무서장에게 제출한 경우(법인세법 제111조, 법인세법 시행령 제154조 제1항)에는 법인설립신고를 한 것으로 간주된다.

1. 법인설립신고서의 기재사항

법인설립신고서에는 다음의 사항을 기재하여야 한다(법인세법 제109조 제1항).

① 법인의 명칭과 대표자의 성명[14]

② 본점이나 주사무소 또는 사업의 실질적 관리장소의 소재지[15]

---

12 사업의 실질적 관리장소를 두게 되는 경우에는 그 실질적 관리장소를 두게 된 날을 말하며, 법인과세 신탁재산의 경우에는 설립일을 말한다(법인세법 제109조 제1항).

13 법인설립신고 및 사업자등록 절차 및 제출서류는 〈국세청 홈페이지(www.nts.go.kr) → 국세정보 → 사업자등록안내 → 제출서류 및 교부 → 사업자등록신청 제출서류〉에서 확인할 수 있다.

14 법인과세 신탁재산의 경우에는 법인과세 수탁자(둘 이상의 수탁자가 있는 경우 대표수탁자 및 그 외의 모든 수탁자를 말한다)의 명칭과 대표자의 성명을 말한다.

15 법인과세 신탁재산의 경우 법인과세 수탁자의 본점이나 주사무소 또는 사업의 실질적 관

③ 사업 목적

④ 설립일

2. 법인설립신고서의 첨부서류

법인설립신고서에는 다음의 서류를 첨부하여 납세지 관할세무서장에게 제출하여야 한다(법인세법 시행령 제152조 제1항).

① 주주 등의 명세서(제1호) – 이는 주식 등의 실제소유자를 기준으로 ㉮ 주주 등의 성명 또는 법인명, 주민등록번호 · 사업자등록번호 또는 고유번호, ㉯ 주주 등별 주식 등의 보유현황을 적은 서류로서 기획재정부령으로 정하는 주주 등의 명세서를 말한다(법인세법 시행령 제152조 제2항).

② 「부가가치세법 시행령」 제11조 제3항의 표[16] 및 같은 조 제4항의 서류(제2호) – 「부가가치세법 시행령」 제11조 제4항의 서류라 함은 법인의

리장소의 소재지를 말한다.

[16] 「부가가치세법 시행령」 제11조 제3항의 표

구분	첨부 서류
1. 법령에 따라 허가를 받거나 등록 또는 신고를 하여야 하는 사업의 경우	사업허가증 사본, 사업등록증 사본 또는 신고확인증 사본
2. 사업장을 임차한 경우	임대차계약서 사본
3. 「상가건물 임대차보호법」 제2조 제1항에 따른 상가건물의 일부분만 임차한 경우	해당 부분의 도면
4. 「조세특례제한법」 제106조의 제한에 따른 금지금(이하 "금지금"이라 한다) 도매 및 소매업	사업자금 명세 또는 재무상황 등을 확인할 수 있는 서류로서 기획재정부령으로 정하는 서류
5. 「개별소비세법」 제1조 제4항에 따른 과세 유흥장소에서 영업을 경영하는 경우	사업자금 명세 또는 재무상황 등을 확인할 수 있는 서류로서 기획재정부령으로 정하는 서류

설립등기 전 또는 사업의 허가 · 등록이나 신고 전에 사업자등록을 할 때 제공하는 서류를 의미하는데, ⓐ 법인 설립을 위한 사업허가신청서 사본, ⓑ 사업등록신청서 사본, ⓒ 사업신고서 사본 또는 사업계획서를 말한다(부가가치세법 시행령 제11조 제4항 참조).

6. 법 제8조 제3항부터 제5항까지의 규정에 따라 사업자 단위로 등록하려는 사업자	사업자 단위 과세 적용 사업장 외의 사업장(이하 "종된 사업장"이라 한다)에 대한 이 표 제1호부터 제5호까지의 규정에 따른 서류 및 사업장 소재지 · 업태(業態) · 종목 등이 적힌 기획재정부령으로 정하는 서류
7. 액체연료 및 관련제품 도매업, 기체연료 및 관련제품 도매업, 차량용 주유소 운영업, 차량용 가스 충전업, 가정용 액체연료 소매업과 가정용 가스연료 소매업	사업자금 명세 또는 재무상황 등을 확인할 수 있는 서류로서 기획재정부령으로 정하는 서류
8. 재생용 재료 수집 및 판매업	사업자금 명세 또는 재무상황 등을 확인할 수 있는 서류로서 기획재정부형으로 정하는 서류

주식회사 창업

제6장
설립에 관한 책임

주식회사의 설립에 있어서 설립관여자의 부정과 불건전한 회사의 설립을 방지하기 위하여 상법은 설립관여자에 대하여 엄중한 민사책임과 형사책임 및 과태료의 제재에 관한 규정을 두고 있다. 설립관여자에는 발기인·이사·감사·유사발기인·검사인 및 납입취급기관 등이 있다. 상법은 특히 회사설립에서 중심적 역할을 하는 발기인의 책임을 무겁게 규정하고 있다.

제1절 설립관여자에 대한 민사상의 책임

1. 발기인의 책임

상법은 발기인에 대하여 회사가 성립한 후에도 건전한 회사를 설립케 하고자 하는 법의 취지(주식인수인의 보호, 회사채권자의 보호)에서 이에 반하는 설립에 관하여는 책임을 추궁할 수 있도록 규정하고 있다. 즉, 상법 제321조에서는 발기인의 임무해태로 인한 손해배상책임과 자본충실책임을 부과함으로써 설립의 하자를 치유함과 아울러 회사재산을 확보함으로써 손해의 회복을 꾀하고 있다.

1) 회사가 성립한 경우

회사가 성립한 경우에 발기인은 회사에 대하여 자본충실의 책임을 부담하고, 회사 또는 제3자에 대하여 손해배상의 책임을 부담한다.

(1) 회사에 대한 책임

① 자본충실의 책임

정관에 정해진 회사설립 시에 발행하는 주식의 총수에 대한 인수 및 인수가액의 전액납입은 회사설립 요건이다. 따라서 발기인에게 이 책임을 부과하고 있다.

우선, 회사설립 시에 발행한 주식으로서 회사성립 후에 아직 인수되지 아니한 주식이 있거나, 주식인수 청약이 취소된 때(행위무능력 또는 사해행위의 취소의 경우)에는 발기인이 이를 공동으로 인수하는 것으로 본다(인수담보책임, 상법 제321조 제1항). 따라서 발기인들은 회사설립 시에 발행한 주식으로서 회사성립 후에 아직 인수되지 아니한 주식이나 주식인수 청약이 취소된 주식에 대하여 주금납입의무를 부담하게 되고, 인수한 주식은 공유하게 된다. 특히, 납입의무와 관련해서 발기인들은 연대책임을 부담한다(동조 제2항). 이러한 점에서 인수담보책임은 '인수 및 납입담보책임'이라고 할 수 있다.

또한, 회사성립 후 주식인수인이 인수가액을 전액 납입하지 아니한 주식이 있는 경우 발기인은 연대하여 납입할 의무가 있다(납입담보책임, 상법 제321조 제2항). 이때 발기인과 주식인수인의 책임은 부진정 연대채무관계에 있다고 본다. 그러나 발기인들이 납입담보책임을 이행하더라도 주주가 되는 것은 아니며, 본래 주식인수인의 채무를 이행한 결과가 되어 발기인은 애초의 주식인수인(주금납입하지 않은 주식인수인)에 대하여 회사를 대위하여 변제청구를 할 수 있다(구상권, 민법 제481조).

자본충실책임의 법적 성질은 무과실책임이며 법정책임이다. 이와 같은 발기인의 자본충실책임은 총주주의 동의로도 면제하지 못한다.

② 손해배상책임

발기인은 회사설립의 기획자로서 설립 중의 회사의 기관이므로 선량한 관리자의 주의의무로서 회사의 설립업무를 수행하여야 하고, 이 임무를 해태한 때에는 회사에 대하여 연대하여 손해를 배상할 책임이 있다(상법 제322조). 발기인의 임무는 정관의 작성, 주식청약서의 작성, 주식에 대한 납입의 최고, 창립총회의 소집, 창립총회에서의 보고 등이다. 손해배상책임의 법적 성질은 자본충실의 책임과 달리 과실책임이다. 이와 같은 발기인의 임무해태로 인한 회사에 대한 손해배상책임은 총주주의 동의가 있으면 면제할 수 있다(상법 제324조 → 제400조 제1항).

회사설립에 있어서 발기인의 인수, 납입담보책임의 의미[1]

Q 회사설립에 있어서 발기인의 인수, 납입담보책임에 관해서 설명해 주십시오.

A 회사설립 시에 발행한 주식으로서 회사성립 후에 아직 인수되지 아니한 주식이 있거나 주식인수의 청약이 취소된 때에는 발기인이 이를 공동으로 인수한 것으로 봅니다(상법 제321조 제1항 참조). 회사성립 후 납입을 완료하지 아니한 주식이 있는 때에는 발기인은 연대하여 그 납입을 하여야 합니다(동조 제2항 참조). 위와 같은 발기인의 인수, 납입담보책임 규정은 발기인에 대한 손해배상의 청구에 영향을 미치지 아니합니다(동조 제3항 및 상법 제315조 참조).

---

(2) 제3자에 대한 책임

발기인이 회사의 설립에 관하여 악의 또는 중대한 과실로 그 임무를 해태한 때에는 제3자에 대하여도 연대하여 손해를 배상할 책임이 있다(상법 제322조 제2항). 예컨대, 주식의 일부에 대해서 납입이 없음에도 불구하고 설립등기를 하여 그 회사와 거래한 제3자가 손해를 입은 경우이다. 이는 회사설립과 관련된 제3자를 보호하기 위하여 마련한 조치라 할 수 있다.

발기인이 회사설립과 관련하여 불법행위 이외의 행위로 제3자에게 손해를 입힌 경우에는 그 행위는 설립 중의 회사의 기관으로서 행위이므

---

1   법률메카, "회사설립에 있어서 발기인의 인수, 납입담보책임의 의미", 2018. 7. 19.

로 회사가 책임을 지고 발기인은 책임을 지지 아니한다. 그러나 상법은 제3자의 두터운 보호를 위하여 발기인에게 악의 또는 중대한 과실이 있는 경우 발기인이 제3자에게 직접 손해배상책임을 지도록 하고 있는 것이다. 여기서 제3자란 회사 이외의 자를 가리키며 주주나 주식인수인도 포함된다.

2) 회사가 성립하지 않은 경우

회사가 성립하지 않은 경우 발기인은 그 설립에 관한 행위에 대하여 연대하여 책임을 부담하며, 회사의 설립에 관하여 지급한 비용은 발기인이 부담한다(상법 제326조 제1항, 제2항). 회사설립에 관한 행위라 함은 설립 자체에 관한 행위뿐만 아니라 설립에 필요한 준비행위를 포함한다.[2] 이 책임은 발기인 전원에게 공동으로 부여된 책임이다. 예컨대 주식인수인에 대한 원상회복의 의무, 설립준비비용으로 지출될 수 있는 인건비, 공증인의 인증관련 비용, 등기관련 비용, 사무실유지비 등의 부담의무 등이 이에 속한다.

회사가 성립하지 못한 경우에 발기인의 책임은 채권자와 주식인수인 등의 이익을 보호하기 위하여 법이 정책적으로 인정한 무과실책임이라고 할 것이다.

---

[2] 그러나 개업준비행위는 설립을 전제로 한 영업행위의 일부로 볼 수 있으므로 원칙적으로 발기인에게는 개업준비행위는 할 수 없다고 보는 것이 타당하다. 다만, 개업준비행위의 일종으로 되어 있는 재산인수에 대해서는 그 필요성이 크기 때문에 변태설립사항으로서 그 재산의 종류·수량·가격과 그 양도인의 성명을 정관에 기재한 경우에 한하여 허용된다(상법 제290조 제3호).

2. 유사발기인의 책임

정관에 발기인으로서 기명날인은 하지 아니하였으나 주식청약서, 기타 주식모집에 관한 서면에 성명과 회사의 설립에 찬조하는 뜻을 기재할 것을 승낙한 자를 유사발기인이라고 한다(상법 제327조). 유사발기인은 발기인과 동일한 책임을 부담한다(상법 제327조). 이 책임은 금반언의 원칙 또는 외관이론에 의한 것이다.

유사발기인은 발기인으로서의 직무권한은 없으므로 임무해태로 인한 손해배상책임은 부담하지 않는다. 유사발기인은 회사가 성립한 경우에는 자본충실의 책임을 지고(상법 제321조), 회사가 성립하지 아니한 경우에는 청약증거금 또는 납입금반환의무와 설립비용 등에 관하여 책임을 질 뿐이다(상법 제326조). 유사발기인의 자본충실책임은 발기인의 경우와 마찬가지로 총주주의 동의로도 면제할 수 없다.

3. 이사와 감사의 책임

이사·감사는 설립 중의 회사의 기관으로서 설립경과를 조사하여 창립총회에 보고할 의무가 있다(상법 제313조 제1항). 이 임무를 해태하여 회사 또는 제3자에게 손해를 입힌 때에는 연대하여 배상할 책임을 부담한다(상법 제323조). 이 경우 발기인도 책임을 질 때에는 그 이사와 감사는 발기인과 연대하여 손해배상책임을 지게 된다(동조). 회사에 대한 손해배상책임을 면제받기 위해서는 발기인의 경우와 마찬가지로 총주주의 동의를 요한다(상법 제400조 제1항).

4. 검사인의 책임

법원이 선임한 검사인이 악의 또는 중대한 과실로 임무를 해태한 때에는 회사 또는 제3자에 대하여 손해를 배상할 책임을 지게 된다(상법 제325조). 법원이 선임한 검사인은 법원과 위임관계가 있을 뿐 회사와는 아무런 계약관계가 있지 않으나 상법은 주식인수인과 회사채권자를 보호하기 위하여 정책적으로 검사인에게 손해배상책임을 인정하고 있다.

제2절 설립관여자에 대한 형벌과 과태료

1. 형벌

상법은 설립관여자에 대하여 다음과 같은 형벌을 과하고 있다.

1) 특별배임죄

발기인 · 이사 · 감사 등이 그 임무에 위배한 행위로써 재산상의 이익을 취하거나 제3자로 하여금 이를 취득하게 하여 회사에 손해를 가한 때에는 10년 이하의 징역 또는 3천만 원 이하의 벌금에 처한다(상법 제622조 제1항). 특별배임죄의 미수범도 처벌한다(상법 제624조).

2) 회사재산을 위태롭게 하는 죄

발기인 · 이사 · 감사 또는 검사인 · 공증인 · 감정인이 주식 또는 출자의 인수나 납입, 현물출자의 이행, 변태설립사항, 주식발행사항의 결정에 관하여 법원, 창립총회 또는 발기인에게 부실한 보고를 하거나 사실을 은폐한 때에는 5년 이하의 징역 또는 1,500만 원 이하의 벌금에 처한다(상법 제625조 제1호).

3) 부실문서행사죄

발기인이 주식을 모집함에 있어서 중요한 사항에 관하여 부실한 기재가 있는 주식청약서, 사채청약서, 사업계획서, 주식 또는 사채의 모집에 관한 광고 기타의 문서를 행사한 때에는 5년 이하의 징역 또는 1,500만 원 이하의 벌금에 처한다(상법 제627조 제1항).

4) 납입가장죄

발기인이 납입 또는 현물출자의 이행을 가장하는 행위를 한 때에는 5년 이하의 징역 또는 1,500만 원 이하의 벌금에 처한다(상법 제628조 제1항).

5) 초과발행죄

발기인이 회사가 발행할 주식의 총수를 초과하여 주식을 발행한 경우에는 5년 이하의 징역 또는 1,500만 원 이하의 벌금에 처한다(상법 제629조).

6) 독직죄

발기인 · 이사 · 감사 또는 검사인 · 공증인 · 감정인이 그 직무에 관하여 부정한 청탁을 받고 재산상의 이익을 수수, 요구 또는 약속한 때에는 5년 이하의 징역 또는 1,500만 원 이하의 벌금에 처한다(상법 제630조).

2. 과태료

주식회사의 설립에 있어서, ① 이사가 등기를 해태한 때(상법 제635조 제1항 제1호), ② 발기인이 공고 또는 통지를 해태하거나 부정한 공고 또는 통지를 한 때(동조 동항 제2호), ③ 발기인 등이 설립에 대한 검사 또는 조사를 방해한 때(동조 동항 제3호), ④ 발기인 · 이사 · 감사 또는 검사인이 관청 또는 총회에 부실한 보고를 하거나 또는 사실을 은폐한 때(동조 동항 제5호), ⑤ 발기인이 주식청약서에 상법 제302조 제2항의 소정의 사항을 기재하지 않거나, 부실한 기재를 한 때(동조 동항 제16호), ⑥ 발기인 또는 이사가 권리주를 양도한 때(동조 제2항)에는 500만 원 이하의 과태료에 처한다(상법 제635조 제1항). 그러나 그 행위에 대하여 형을 과한 때에는 그러하지 아니하다(상법 제635조 제1항 단서). 그리고 회사의 성립 전에 회사의 명의로 영업을 한 자는 회사설립의 등록세의 배액에 상당한 과태료에 처한다(상법 제636조 제1항).

주식회사 창업

제7장
설립의 하자

제1절 주식회사설립의 하자

주식회사의 설립단계에서는 주로 정관의 작성, 기관의 구비, 출자, 등기 등을 실시한다. 정관이란 회사에 근본적인 규칙을 의미하며 기관은 이사 등을 말한다. 이 과정에서는 여러 가지 절차가 필요하지만 명백한 실수가 있을 경우 그 서류 등을 제출받은 곳에서 실수를 수정할 수 있는 기회가 주어질 수도 있다. 그러나 이 실수가 간과되어 버린 경우나, 그 시점에서 절차의 미비를 깨닫지 못하는 것 등도 있을 수 있다. 이 경우 회사의 설립이 무효가 되어 버리는 경우가 있는 것이다. 주식회사설립무효는 주식을 취득하는 일반대중이나 회사에 신용을 제공한 채권자에게 큰 피해를 준다. 따라서 상법은 설립등기를 전후하여 설립무효의 문제에 대한 대처를 달리하고 있다. 설립등기를 마친 후에는 중대한 하자의 경우에만 무효가 될 수 있도록 하고, 무효로 하는 방법도 법 일반원칙과 달리 반드시 소송을 통해서만 할 수 있도록 하고 있다. 설립무효의 판결이 확정되는 경우에도 당해 판결에 대하여 장래에 향해서만 효력이 미치도록 하여 법률관계의 획일적 처리와 거래의 안전을 도모하고 있다.

또한, 「회사의 설립무효」 이외에도 회사의 존재가 없게 되는 경우도 있는데, 「회사의 부존재」, 「회사의 불성립」 등으로 불리운다. 각각 무효사유의 경우와는 불비의 내용이 다르기 때문에 이러한 것에 대해서도 함께 살펴보고자 한다.

제2절 설립하자의 종류

1. 설립무효

회사의 설립무효가 문제가 되는 경우는 회사의 설립단계에서 간과되어버린 명백한 실수가 결국 회사의 법인격을 인정할 수 없는 중대한 하자에 해당하는 경우 회사설립을 무효로 하는 것이다. 회사의 설립절차상 하자가 있는 경우에도 설립등기가 이루어지면 회사는 일단 유효하게 성립한다. 그러나 설립절차에 미비한 점이 발견됨으로써 역시 이를 무효로 할 수밖에 없는 경우이다. 일단은 유효하게 성립되어 있기 때문에 회사가 무효가 될 때까지 다른 회사와 마찬가지로 기업활동을 하고 다른 사람과 거래하는 것을 생각할 수 있다. 따라서 무효로 한다고 해도 이해관계자와의 균형이 고려되지 않으면 안 된다.

2. 회사의 부존재

회사의 부존재란 원래 설립절차를 거치지 않은 회사의 상태를 의미한다. 설립등기를 하지 않거나 혹은 등기만이 되어 있는 상태로 설립절차를 전혀 하지 않은 등의 상태를 말한다. 이 경우에는 설립절차에 있어서 그 하자의 정도가 크다고 하여 부존재의 취급을 받게 된다.

3. 회사의 불성립

회사의 불성립은 설립절차를 도중에 단념하고, 설립등기에까지 이르지 못한 경우를 말한다. 회사의 부존재는 절차가 없음에도 불구하고 활동하고 있는 회사를 말하지만 회사의 불성립은 설립절차를 밟고자 했으나 성립시키지 못한 경우를 가리키는 경우가 많다. 이 경우 중간까지 절차가 진행되고 있기 때문에 비용을 지출하고 있을 것이다. 출자를 받고 있는 경우도 생각할 수 있다. 창업을 하려고 기획한 창업자(발기인)는 이때 책임을 지지 않으면 안 된다. 즉, 회사가 성립하지 못한 경우 발기인은 그 설립에 관한 행위에 대하여 연대하여 책임을 부담하며, 회사의 설립에 관하여 지급한 비용은 발기인이 부담하게 된다(상법 제326조 제1항, 제2항).

제3절 주식회사 설립무효

회사설립의 무효는 주주·이사 또는 감사에 한하여 회사성립의 날로부터 2년 내에 소(訴)만으로 이를 주장할 수 있다(상법 제328조 제1항). 상법은 주식회사에 관해서 설립취소의 소를 인정하지 않고 설립무효의 소만을 인정하여 그 무효의 주장자(소의 당사자), 제소기간, 방법 등을 제한함과 동시에 무효판결의 효과를 소급하지 않는 것으로 하고 있다(동조 제2항 → 제190조).

1. 설립무효의 원인

주식회사에서는 주관적 원인에 의한 설립무효를 인정하지 않고, 객관적 원인에 의한 설립무효만이 인정되고 있다. 주식회사는 사원의 개성이 중시되지 아니하므로 사원 개인의 주관적 의사표시의 하자(주관적 하자)는 일단 설립등기를 하면 치유된다(상법 제320조). 또한 회사가 성립한 후에 주식인수의 청약을 취소하더라도 발기인이 당연히 인수한 것으로 보기 때문에(상법 제321조 제1항) 회사설립이 무효가 되지 않는다. 따라서 객관적 하자만이 회사설립무효의 원인이 된다.

주식회사에 있어서 설립무효의 원인이 되는 객관적 원인에 의한 하자로는 예컨대, 정관의 절대적 기재사항의 흠결, 정관에 공증인의 인증이 없는 경우, 창립총회 없는 회사설립등기, 창립총회 결의의 하자(취소나 무효), 설립등기의 무효 등을 들 수 있다.

2. 소의 당사자·제소기간 및 소의 관할

회사설립의 무효원인이 있는 경우에는 주주, 이사, 감사에 한하여 회사성립의 날부터 2년 내에 소로써만 주장할 수 있다(상법 제328조 제1항).

회사설립무효의 소는 본점소재지의 지방법원의 관할에 전속한다(상법 제186조). 소가 제기된 때에는 회사는 지체 없이 이를 공고하여야 한다(상법 제328조 제2항 → 제187조). 수 개의 소가 제기된 경우에는 법원은 이를 병합심리하고(상법 제328조 제2항 → 제188조), 설립무효의 소가 그 심리중에 원인이 된 하자가 보완되고 회사의 현황과 제반사정을 참작하여 설립을 무효 또는 취소하는 것이 부적당하다고 인정한 때에는 법원은 그 청구를 기각할 수 있다(상법 제328조 제2항 → 제189조).

3. 공정거래법에 위반한 경우

공정거래위원회는 독점규제 및 공정거래에 관한 법률(이하 공정거래법) 제9조 제1항(기업결합의 제한) 또는 제11조(기업결합의 신고) 제8항을 위반한 회사의 설립이 있는 때에는 해당 회사의 설립무효의 소를 제기할 수 있다(공정거래법 제14조 제2항).[1] 제소의 절차는 상법의 규정에 따른다.

4. 판결의 효력

1) 원고 승소의 경우

원고가 승소하는 설립무효의 판결이 확정되면 당해 판결의 효력은 당사자뿐만 아니라 제3자에게도 미친다(상법 제328조 제2항 → 제190조 본문). 이는 회사를 중심으로 한 복잡다기한 법률관계를 획일적으로 확정하기 위한 요청에 따른 것이다. 또한 설립무효의 판결이 확정되면 본점과

---

[1] 공정거래법 제14조 의거 공정거래위원회는 설립무효의 소를 제기하는 외에도 당해 행위의 중지, 주식의 전부 또는 일부의 처분, 임원의 사임, 영업의 양도, 채무보증의 해소, 법 위반 사실의 공표, 기업결합에 따른 경쟁제한의 폐해를 방지할 수 있는 영업방식 또는 영업범위의 제한 등의 시정조치를 할 수 있다.

지점의 소재지에서 이를 등기하여야 한다(상법 제328조 제2항 → 제192조).
주식회사설립무효판결의 효력은 소급효가 없다. 다시 말해, 그 판결 확정
전에 생긴 회사와 주주 및 채권자와의 사이의 권리·의무관계에 영향을
미치지 않는다(상법 제328조 제2항 → 제190조 단서). 따라서 설립등기 시부
터 무효판결확정 시까지 존재하는 이른바 「사실상의 회사」가 인정되며,
사실상의 회사는 외관법리를 기초로 하고 있다. 이것은 기존상태를 존중
하여 설립무효판결의 소급효를 부인한 결과이다. 설립무효의 판결이 확
정된 때에는 해산의 경우에 준하여 청산하여야 한다(상법 제193조 제1항).

2) 원고 패소의 경우

설립무효의 소를 제기한 원고가 패소하는 경우에는 상법이 적용되
지 않고 민사소송법의 일반원칙이 적용되어 판결의 효력(기판력)은 당사
자 간에만 미친다(민사소송법 제218조). 패소한 원고에게 악의 또는 중대한
과실이 있는 때에는 회사에 대하여 연대하여 손해를 배상할 책임이 있다
(상법 제328조 → 제191조).

찾아보기

ㅇ